探索 德育智育
双驱动的
小学教育新模式

崇本教育涵养"礼乐学子"

吴玮 著

上海三联书店

目　录

代　序 ……………………………………………………………… 1

上　篇

第一章　整合思维"构"崇本 …………………………………… 3

　第一节　德育规划的学理基础 ……………………………… 4

　　一、理论与政策依据 ……………………………………… 4

　　二、教育理论的探索 ……………………………………… 6

　　三、教育实践的创新 ……………………………………… 7

　第二节　德育规划的顶层设计 ……………………………… 8

　　一、规划的指导思想 ……………………………………… 8

　　二、规划的核心原则 ……………………………………… 9

　　三、规划的主要内容 ……………………………………… 10

　　四、规划的关键路径 ……………………………………… 11

　　五、规划的评价和跟踪机制 ……………………………… 14

　第三节　德育规划的具体实践 ……………………………… 15

　　一、抓准一个点 …………………………………………… 16

　　二、连成一条线 …………………………………………… 17

三、形成一个面 …………………………………………………… 18

四、织成一张网 …………………………………………………… 19

第二章　爱岗敬业塑"崇本" ………………………………………… 20

第一节　一位普通小学校长的大境界 …………………………… 21

一、校长眼中的学校 …………………………………………… 21

二、校长眼中的教师 …………………………………………… 23

三、校长眼中的学生 …………………………………………… 25

四、校长眼中的自己 …………………………………………… 26

五、校长眼中的教改 …………………………………………… 28

第二节　话民族之魂,品崇本之韵 ……………………………… 33

一、回味成长,品发展之路 …………………………………… 34

二、肩负重任,谈民族教育 …………………………………… 35

三、追寻本源,话崇本文化 …………………………………… 37

四、无痕渗透,论学科德育 …………………………………… 39

第三节　最炫民族风 ……………………………………………… 40

一、传承文化之韵 ……………………………………………… 40

二、探索发展之路 ……………………………………………… 44

第四节　融合的内涵 ……………………………………………… 47

一、融合是开放,在坦诚中分享 ……………………………… 47

二、融合是统整,在聚焦中思考 ……………………………… 48

三、融合是突破,在传承中创新 ……………………………… 49

四、融合是学习,在思考中落实 ……………………………… 49

五、融合是理念,在坚守中发展 ……………………………… 50

六、融合是互通,在联结中渗透 ·············· 51

第三章　落实落细固"崇本" ················· 53

第一节　准确定位,规划蓝图观照"崇本" ········· 53

一、锚定办学目标,激发教育信念 ·········· 53

二、细化育人理念,追求"人人发展" ········· 54

三、落实民族政策,培育文化认同 ·········· 55

第二节　有效落实,发展路径凸显"崇本" ········· 56

一、崇学校发展之本,助力个人发展 ········· 56

二、循学校发展之迹,优化教师专业发展 ······· 57

第三节　充分细化,教育实践升华"崇本" ········· 59

一、"崇本"理念塑造"学生喜欢"的教育模式 ····· 59

二、"崇本"理念落实教师发展 ············ 62

三、师生齐心聚力焕发"崇本"光彩 ·········· 65

第四章　德润童心耀"崇本" ················· 68

第一节　阳光　照进学生的心田 ············· 69

一、"阳光小屋"中的小故事 ············· 69

二、特别的爱给特别的你 ··············· 71

第二节　课程　因学生而精彩 ··············· 72

一、多元文化融合的创新课程 ············· 72

二、《礼乐小茶人》校本课程 ·············· 75

第三节　课堂　为学生而改变 ··············· 77

一、关注差异,"行之有效" ·············· 77

二、激发兴趣,培养习惯 ·············· 78

第四节 评价 让学生体验成功 ·············· 80

一、多元评价重塑学习生态 ·············· 80

二、"情感"评价塑造学生品格 ·············· 81

下 篇

第五章 整合思维构"融乐" ·············· 87

第一节 服务时代、植根实践的问题 ·············· 87

一、触摸时代跳动脉搏 ·············· 87

二、把握区域教改主线 ·············· 88

三、叩问学校价值追求 ·············· 90

第二节 行动导向的民族融乐课程研究 ·············· 91

一、研究背景 ·············· 91

二、研究目标 ·············· 93

三、研究内容 ·············· 95

四、研究过程 ·············· 96

五、总体构思 ·············· 98

第六章 分步推进塑"融乐" ·············· 108

第一节 调研学校特色课程开发与实施现状 ·············· 108

一、反思经验 ·············· 108

二、学情分析 ·············· 112

三、师情分析 ·············· 114

第二节 融乐课程的理念与目标设计 ·············· 117

一、育人目标 ……………………………………………… 117

二、育人理念 ……………………………………………… 119

三、课程理念 ……………………………………………… 120

四、课程目标 ……………………………………………… 120

第三节　融乐课程的结构与内容设计 …………………… 123

一、课程的结构设计 ……………………………………… 123

二、课程的内容设计 ……………………………………… 126

三、课程的特色亮点 ……………………………………… 127

第七章　固本强基铸"融乐" …………………………… 130

第一节　民族融乐课程的路径与策略 …………………… 130

一、实施路径 ……………………………………………… 130

二、实施策略 ……………………………………………… 137

第二节　民族融乐课程的评价与激励 …………………… 145

一、评价目标 ……………………………………………… 145

二、评价原则 ……………………………………………… 146

三、评价内容 ……………………………………………… 147

四、评价类别 ……………………………………………… 150

五、评价重点 ……………………………………………… 151

六、评价方法 ……………………………………………… 153

第三节　民族融乐课程的管理与保障 …………………… 155

一、课程的管理组织 ……………………………………… 155

二、教师的专业发展 ……………………………………… 160

三、课程资源的挖掘 ……………………………………… 162

第八章 "礼乐"学子养成记 ························· 166

第一节 学校文化的品牌再造 ··················· 166

一、办学理念的深化 ························· 166

二、办学特色的明确 ························· 167

第二节 教师自觉的专业发展 ··················· 168

一、教师反思意识明显增强 ··················· 168

二、教师育人理念发生了质变 ················· 169

第三节 "礼乐"学子的持续成长 ··············· 181

一、宽思路:学生成长的框架 ················· 181

二、宽视野:学生成长的轨迹 ················· 181

三、宽胸怀:学生学习经历的丰富 ············· 182

第四节 反思与展望 ························· 183

代　序

"蹲点助教"的新探索

2015年4月,我被任命为新一轮黄浦区德育名师工作室导师。这既是一份荣誉,更是一份责任,同时也让我们倍感压力。但我们还是变压力为动力,尽心尽力做好导师工作,带好黄浦的这支德育骨干队伍;在此过程中有幸邂逅了回民小学,并在吴玮校长的帮助下开始了新的实践与探索。

"点"的选择

成为导师之后,我们遇到的第一个难题就是"择校",因为黄浦区名师工作室的培养模式是"蹲点助教",而这个"点",既是工作室的服务对象,更是导师和学员共同的实践场所、研究之地。这就需要导师自身对区内学校相对熟悉,了解他们的需求与德育队伍的现状。而这恰恰是我——一个长期在一线工作的班主任的弱点。

好在黄浦区为推进教育均衡,资源互补,成立了多个合作互联的小学教育协作块,我们学校恰好是其中的一个牵头学校,通过"协作块"的联动缔结,使学校的课程资源、师资队伍、硬件设施等资源获得协作与分享,从而促进区内小学教育的优质、均衡、特色发展。因此,我先从协作块学校着手。

几经比较,最终我们选择了区内唯一的一所民族小学——黄浦区回民小学(以下简称"回小")。这是一所拥有 80 年历史的老校,有着鲜明的办学特色和较为扎实的德育工作基础。但因多次拆并校,班主任年龄普遍偏大,20 年班龄以上的占到 50% 以上。这支队伍优势明显、劣势也明显:他们擅长日常管理,却缺乏创新的意识;他们能够把班级管理得安稳妥帖,却缺少了灵动的活力。在回小,很多班主任难以突破自身专业发展的"瓶颈期",因此,初级教师比例超过 40%。他们迫切需要有一股外力,能帮助他们尽快突破"瓶颈",迎来职业生涯的二次成长。

但选择回小,并不仅因为学校及其教师的现实需求,也是基于工作室学员自身的基础,以及为了他们未来的长远发展。我们工作室学员平均年龄 38 岁,充满青春活力、富有创新意识。他们来自不同的教学年段,有着不同教育经历,都是区级、校级骨干,有些还是相当成熟的高级教师,因此普遍具有较强的职业素养和德育专业能力。

将回小的班主任队伍与工作室学员两个团队组成为一个新的学习共同体,不仅有望给回小的班主任师资注入活水;也利于工作室学员从角色的转换中,在实践的体验中,看到差距,从而找到专业发展新的增长点。因此,回小成为我们工作室"蹲点助教"的不二选择。

"蹲"的路径

"蹲点助教"是一个双赢的举措：对于蹲点学校而言，获得了工作室学员和导师的专业支持；而对于学员而言，他们也得以在"蹲点"的过程中，从研究学生、研究教师、研究学校中提升教育洞察力，并在以差异化的助教方式服务于蹲点学校的过程中实现自身的专业发展。从这个意义上来说，"蹲"的方式就是工作室的培养途径。回顾我们在回小的蹲点助教经历，可以提炼出以下几条鲜明的路径。

一、项目引领，让学员在"助推他人"中锤炼自我

1. 了解校情，研究学情，满足蹲点校师生的发展需求

几经并校的回民小学，师情学情比较复杂。首先，班主任呈现老龄化现象，虽然日常工作经验丰富，但在教育教学过程中过于循规蹈矩、按部就班，而缺乏开拓勇进的活力；其次，地处黄浦的小东门地区是外来务工人员的聚居地，因此学校学生多为外来务工人员的子女，再加上逐年攀升的民族学生的比例，使得学生之间存在较大差异。

在深入了解和分析回小的现状后，我们发现预设的研究内容不适合回小的现状，因此，我们及时调整了研究内容，把对学生"适应"能力培养的着力点放在了对学生自信心的培养上；并指导学员重新构建课题研究的框架，重新思考蹲点助教的方法，以满足回小班主任的专业需求。

在不加重回小班主任工作负担的前提下,工作室选择以"主题谈话课"这一最常见的班会课型作为切入口,以提高回小班主任驾驭德育课堂的能力。经过专业训练的班主任们更加游刃有余,在激发学生自信心的过程中,提高了他们的适应能力,增强了他们的愉悦感和幸福感。这样层层推进,既丰富了回小班主任的教育策略,也满足了回小学生的成长需求,还使工作室的"蹲点助教"活动提高了实践意义和指导价值。

2. 研究教案,分享交流,提高回小班主任的专业能力

针对日常工作中班主任的"谈话内容比较随意"的问题,工作室学员蹲点助教的首项任务就是指导回小班主任共同撰写主题谈话课的教案。

工作室采取学员分组蹲点各个年级组、一对一地开展指导活动的方式,和回小班主任一起分析班级学生的共性与个性,寻找学生中亟须解决的问题;并结合回小德育工作的要求,确定主题谈话课的主题、目标和内容,一起设计教案中的每一个环节。在指导过程中,学员和回小班主任均感觉每个月一次的频度远远不够,于是我们发挥了互联网快捷、便利的优势,主动建立微信群,线上线下随时互动。一份教案往往要来来回回经历几番修改,但没有一个学员、也没有一个班主任叫苦叫累。

在回小的德育年会上,回小班主任们通过"微论坛""微视角""微感悟"三个板块,讲述了自己在工作室蹲点指导活动中的收获和体会,发言最后的一声声感谢让工作室的学员感动不已。高潮时刻出现在回小德育教导王慧教师将《以德润心促成长》这本凝聚着工作室学员和回小班主任一年辛苦和努力的"主题谈话课教案

集"送到我们手中时,当一篇篇定位准确、把握到位、分层清晰、实践有效的主题谈话课教案精彩呈现,我们由衷地为回小班主任的专业成长而自豪,也为自己的成功而鼓掌!

3. 聚焦课堂,磨课评课,提升"室、校"教师的育人智慧

课堂是育人的主阵地,也是班主任专业成长的本源性土壤。撰写完成一份完美的教案,并不意味着就能够上好一堂高效的课。基于这样的理解,在回小蹲点指导的第二阶段,我们将研究的重点从教案转向了课堂,并以点带面,提高回小班主任执教班会课的能力。

解剖导师课。主题谈话课不同于一般的学科教学,它是班主任进行班集体教育的重要载体。但回小的班主任从未接触过,于是我就拿自己的录像课给回小班主任当"麻雀",从主题的确立到话题的引入,从情景的导入到素材的运用,从内容的选择到语言的组织,认真剖析每一个环节,甚至直言不讳地指出自己录像课中的不足,帮助回小教师尽快进入"角色"。

打磨示范课。"纸上得来终觉浅,绝知此事要躬行。"一份再完美的教案,应用到不同的班级,也会呈现参差不齐的课堂效果,因为每个孩子都有自己独特的认知基础、学习风格和学术兴趣。为了提升课堂效能,在工作室学员的帮助下,回小班主任中的佼佼者曹老师拿着同一份教案,在不同的班级不厌其烦地一次次尝试、一遍遍打磨。当孩子们对相同的问题给出不一样的答案时,曹老师从一开始的焦虑逐渐变得淡定、从容。而每次磨课,也是一次最好的校本培训。因为专家、导师的主题发言,学员和回小班主任的交流、对话,都能让参与者对主题谈话课获得新的认知和启迪。

推出公开课。曹老师是回小班主任中第一个"吃螃蟹"的人，《成就不一样的我》是她在工作室"蹲点助教"中期展示活动中执教的公开课。从曹老师自然、流畅的语言中，从她解决学生生成性问题的自信中，从孩子们脸上洋溢的灿烂笑容中，我们不仅看到了她日渐成熟的课堂驾驭能力，也看到回小班主任逐渐成形的"以人为本"的育人智慧在闪光。

二、撰写"报告"，让学员在"书写他人"中沉淀自我

1. 规划解读，洞悉学校德育的宏观与微观

"宏观统摄微观，微观亦蕴藏宏观"，学校德育是一个整体，班主任工作是其中的重要内容。作为班主任，只有全面了解学校的德育目标与要求，才能更好地将学校的育人理念落实在日常工作中。

2016年10月，我们应吴玮校长之邀，就新一轮学校德育工作进行了深入的探讨。她为我们解读了学校"打造民族教育特色学校，丰富崇本教育文化内涵"的新五年发展规划，目标清晰、定位精准，充分体现了德育为先、凸显民族文化的学校特色，也让我们看到了一个校长在整合性思维的指导下，对学校德育的哲学思考和整体规划。

带着对学校德育整体规划的理解，在长期的蹲点助教中，我们也深切体会到，"让每一个孩子都受到适切的教育，为每一个孩子插上助飞的翅膀，让各民族不一样的儿童一样的快乐，一样的成才"的崇本教育文化，已经渗透到回小的方方面面，同时又通过各条"管道"统辖于"崇本融乐"理念之下。我们意识到，这种从儿童

立场出发、尊重儿童身心发展规律,尊重学生已有认知基础以及个性和情感需求的"规划",才能让教师在教育教学中真正认识儿童、发现儿童和引领儿童。

2. 专访教师,分享他们的育人理念与故事

工作室"二次蹲点"回民小学,既是对学校的再认识,也是工作室学员对师生员工精神品质的深度挖掘,为此,学员们在回小开展了多方位、多维度的访谈活动。

从对新上任的吴玮校长的访谈中,我们看到了学校办学理念的不断提升,从"民族情怀""都市视野",到"世界眼光";从打好"爱国"的人生底色,到培养"全球"的担当意识,吴校长站在新的高度,擘画了一幅回小的发展蓝图。

走访"土生土长"的方茵书记,我们看到了回小德育人的文化传承与责任担当;走访三位教导,我们看到了他们在融合与创新中的联结互动,在彰显民族教育特色、打造学校文化品牌中的付出与努力;走访回小的班主任、骨干教师、团员青年,我们看到了一群在教育实践中落实"崇本"、彰显"崇本"、升华"崇本"的教师团队。正是由于这些教师的不懈努力与执着追求,适合回小学生发展的"融乐"课程才能应运而生,如同一缕缕阳光照进每一个孩子的心田,润泽每一颗童心,赋予他们成长的自信和喜悦。

3. 提炼精华,萃取他人故事中的经验与精华

为了与更多的人分享吴玮校长整合性思维引领下回民小学的育人理念和崇本教育文化,工作室学员在导师的指导下,撰写了《"崇本"润童心 "回小"梦飞扬——来自回小的报告》,这份报告不仅展现了回小教师的专业风采,激发了回小教师的职业自信,也促

进了回小德育的持续发展。同时,对一份份案例进行真实的记录,再加以梳理、提炼,并不断修订、完善,直至形成文本的过程,也是学员重温"崇本"文化,感受回小精神,从德育视角去发现一幅真实的学校教育全貌的过程,更是自我积淀与成长的过程。

三、专题宣讲,让学员在"角色变化"中成就自我

工作室的培养任务不仅要出"成果",还要出"人才"。而"人才"的培养需要多角度地锤炼、多方位地推进。导师李峻副院长看到工作室呈现的这本近五万字的"报告"后,对学员在肯定之余又提出了更高的目标和要求,那就是:转变角色,进校园宣讲。

工作室学员再一次转变角色,从指导者成了宣讲者,促使他们从台下走到了台前,并在有限的时间内讲述自己的理解、体验与感悟,而不是单纯的"照本宣读"。这种角色变化对学员是一种挑战,对蹲点学校则是一次总结、反思的沉浸式体验。工作室对学校德育特色的梳理、提炼和宣讲,能够有效促进学校相关工作有计划、有步骤、整体性地推进;引发全体教师对学校育人理念的深层次思考;也使教师们从一个个"崇本教育"故事中受到感染,从而生发出职业幸福感。

正如预期的那样,学员从角色的转变中、从回小教师的掌声中,成就了一个"不一样"的自己,实现了二次成长。正如李彬老师所言:"当我走上回小的讲台,向全体"回小人"宣讲这份报告时,看到的是欣慰的笑容,而我的内心却有着这样的独白:感恩你们每一个,让我走进了一所纯粹的学校、感受一份纯粹的精神!"

一弦一管,无以成巨制;合作共赢,方能铸鸿篇。三年的"蹲点

助教",工作室每一名成员都在实践体验中不断磨砺自我、发展自我、成就自我。在此过程中,我们也见证了回民小学在吴玮校长的引领下,对德育进行整体规划、顶层设计、具体推进、系统支持、开花结果的全程,并有幸以专业力量为之添砖加瓦。作为工作室的导师,我们愿与蹲点学校一起,奏响黄浦德育个体与整体、主体与客体和谐共进、生态发展的新时代华美乐章。

工作室导师:蒋雯琼

(上海市特级教师、正高级教师)

上　篇

第一章　整合思维"构"崇本

教育家克里希那穆提在他的著述《一生的学习》中说:"教育的目标永远应该是培养完整的人。"我国教育先驱蔡元培先生也曾经说过:"教育就是要使人全面发展。"因此,作为重要组成的德育,绝不能和其他教育目的分离。我们教育者应该始终把学生当作完整的人来看待。在整体绘制学校的蓝图时,一定要对发展思路进行整合性规划,重点思考学校要培养出什么样的人。就像看病,最佳方式是综合性会诊,而不仅是头痛医头、脚痛医脚。因为人是一个完整的个体,人体的各个部分都是相互影响和联系的。教育也是如此。尤其应当反对那种只看分数、升学率的教育观。更何况,小学教育面对的是鲜活稚嫩的儿童。只有从儿童立场出发,尊重儿童的身心发展规律、兴趣、经验和情感需求,真正认识儿童,发现和引领儿童;站在儿童自我需求和自我发展的角度,为其提供丰富的资源,才能让儿童愿学、乐学、会学、学好,才能在学习和生活中身心自由,成就不一样的自我。

基于儿童立场,以整合性思维为指导进行整体规划,正是我在回民小学期间对德育的哲学思考。以下用整合性思维来解读回民

3

小学的德育整体规划。

第一节　德育规划的学理基础

学校的教育、教学,师资队伍的建设,学校管理等方方面面的工作,它们之间是相互联系、相互促进、相互制约的,只有各部分之间达到某种程度的和谐时,才能维持学校这一整体的生命力。所以,任何一项工作的加强都不能游离于学校这一整体之外。用整合性思维审视教育,尤其是德育,对坚持以学生的发展为本、把握教师和学生人格健康发展的客观规律,提高德育工作的实效,无疑具有很高的研究价值和现实意义。

一、理论与政策依据

理论研究表明,整合性思维是社会生产力发展到一定历史阶段的必然产物,是科技高度发展对人们提出的思维要求。因为科学既是人类文明变迁的路标,也是每个时代人类思维模式演进的路标。现代科学进入综合发展时期,为人们形成整合性思维提供了强大的科学文化背景,也使教育进入了整合性思维时代。

《中共中央关于进一步加强和改进学校德育工作的若干意见》(中发〔1994〕9号)中提出要整体规划学校的德育体系。中华人民共和国教育部原部长朱开轩对这份文件进行了详细解读。他认为,和过去的文件相比,这份文件体现了如下几个亮点——

理念阐述。以邓小平同志1992年初重要讲话和党的第十四次代表大会为标志,我国改革开放和社会主义现代化建设事业进入一个新的历史阶段。深化改革、扩大开放,建立和发展社会主义市场经济体制,这样的时代背景既为学校德育工作创造了新的有利条件,也对学校培养人才的思想道德科学文化素质提出了更高要求。与此同时,学校德育工作遇到了许多新的情况和问题,环境更复杂、难度也更大,也是学校德育规划以整合性思维为主导的理论前提。

实践导向。文件还指出,德育工作要与关心指导学生学习、生活相结合,与加强管理相结合;进一步发挥全体教职工,特别是教师的育人作用;按照不同学科的特点,促进各门学科、课程与德育的有机结合;重视校园文化建设;把生产劳动和社会实践纳入教学、教育计划;学校教育、家庭教育、社会教育紧密结合。

从以上内容可以看出,德育工作的途径除了需要考虑与学科、课程等有机结合外,还要将生产劳动和社会实践纳入其中,学校、家庭、社会通盘考虑,也就是说实践路径与参与主体必须整合。

整体规划。文件也指出,要遵循青少年学生思想品德形成的规律和社会发展的要求,根据德育工作的总体目标,科学规划各教育阶段的具体内容、实施途径和方法。以爱国主义教育为主旋律整体规划学校德育体系,既要划阶段、分层次、有重点,又要由浅入深、形成序列、一以贯之。

从以上解读可以看出,作为新时期德育工作的纲领,《若干意见》明确提出了以整合性思维规划德育的指导意见。

2004 年,中共中央再次发布《中共中央国务院关于进一步加强和改进未成年人思想道德建设的若干意见》(中发〔2004〕8 号)

（后文简称《若干意见》）。为了贯彻《若干意见》的精神，教育部在2005年又再次提出了关于整体规划大中小学德育体系的意见，为德育规划的整合性思维指引方向。

二、教育理论的探索

国际上曾有一项关于招聘条件的调查，研究者发现，在应聘者的各项专业能力指标中，中资企业最看重的是学历和技能，而外资企业最看重的却是应聘者的团队意识与合作能力。这不能不令教育者深深思考。我们的思想观念，对人才的培养和甄别能力，是否已远远落后？的确，社会在飞速发展，科技日新月异，知识信息每天以几何倍数增长。时代要求教育不能只有单纯的知识和技能，还要包括情感、态度、价值观。从"20年后是未来"，到"3年即是未来"，时代呼唤着教育者去思考探求，21世纪培养的学生应该具备哪些最核心的知识、能力与情感态度，才能成功地融入未来社会，才能在满足个人自我实现需要的同时推动社会发展？

令人欣喜的是，2016年9月，《中国学生核心素养》这项权威研究成果历时三年终于出炉，对学生发展核心素养的内涵、表现、落实途径等做了详细阐释。"核心素养"一词，既包括传统教育领域的知识、能力，又包括学生的情感、态度、价值观，更加完善、系统地反映教育目标和素质教育理念。

核心素养的内涵和要素是什么？如何从学科中心、知识中心的传统教育转变为核心素养导向的教育？刘恩山教授认为，"核心素养是一种跨学科素养，它强调各学科都可以发展的、对学生最有用的东西"。澳大利亚梅尔委员会也提出，任何核心素养指标本身不构成一套独立体系,为了完成某一目标,素养应通过整合的方式发挥作用。

在我们看来,核心素养的作用必须通过整合的方式发挥出来。尽管核心素养指标的内涵不同,发挥着不同作用,但彼此之间并不孤立,而是必须在教育实践中表现出一定的整合性。我在回民小学以整合性思维推动德育工作进展,可作为学校在核心素养教育方向上的有益探索。

三、教育实践的创新

一位日本教育家曾经谈到"不把学生当人"的三种模式:第一种是"泥土"模式,想把学生捏成怎样就捏成怎样,不让学生拥有自由塑造自己的权利;第二种是"植物"模式,浇水、施肥,精心养护,但学生像植物一样只能接受、不能选择,没有历练的机会;第三种是"工业流水线"模式,学生都被制作成统一的模式,没有个性,也没有差异。

我们都耳闻目睹甚至亲身经历了如上三种标准化、预制式教育的危害,在此不再赘述。教育者必须时刻牢记:教育是培养人的事业,只有整合性思维的教育,才能摒弃泥土模式、植物模式和工业流水线模式。

我在回民小学对德育进行整合性规划时,从实践中产生了自己的思考和行动。与区内许多大校、名校相比,学校师资结构不合理、整体年龄偏大,可供调配的资料、人力不足,因此,面面俱到的工作方式对回小并不合适,由此,必须探索出一条适合自己的道路。回民小学的德育体系整体构架有适合自己的特色,它正是在整合性思维引导下进行的。在一个明确的德育目标统领下,十大领域、三个项目都整合到民族融合课程中。用心做好一件事,整合资源,毕其功于一役,来带动学校全面发展。

第二节 德育规划的顶层设计

一、规划的指导思想

在多次与回小教职员工进行深入交谈后,我了解到学校的历史发展与变革。作为一所历经多次合并的民族特色小学,近年来,回民小学的外来少数民族学生日益增多,最高比例达 20%,始终位于全市三所民族学校之首。少数民族学生人数多、合并次数多,给学校的发展带来挑战的同时也带来机遇。

一次交谈中,1987 年入校,历经了"1994 年、2000 年、2004 年"三次合并的袁老师告诉我,虽然几经变迁,但回民小学始终坚持以民族教育为特色,遵循中华传统文化的本源,本着"让各民族不一样的儿童一样成才"的办学理念,以"丰富回民小民族教育的文化内涵"为己任,坚持培育与发展"崇本教育"校本文化;让每一个孩子都受到适切的教育,为每一个孩子插上助飞的翅膀,让各民族不一样的儿童一样快乐、一样成才。这样因校而定,扎根于学校历史、文化、育人特色的办学信念符合回民小学的实际情况,受到师生的认同,也更坚定了我以整合性思维推动学校德育发展的信心。

二、规划的核心原则

1. 整体性原则

教育的功能在于育人,育人的价值在于促进人的全面发展,这就是学校的重要使命。在进行规划时,我提出,要遵循学生思想品德形成、身心发展的规律及社会发展的要求,把学校德育作为一个系统加以整体规划,构建起符合学生年龄特点的学校德育体系。从长远来看,也就是要建立起科学化、系统化、规范化的整合性体系,避免运动式、形式化、片面追求短期效应等弊端。回小的"崇本融乐"正是统领整合性体系的核心所在。

2. 层次性原则

整体性原则也是通过层次性体现出来的。人的认识必须由浅入深、由低到高、由感性到理性、由认识到实践、再由实践到认识,逐步提高、螺旋形上升。教育内容的深浅程度和侧重点,必须根据不同教育阶段、不同年龄层次的可接受能力,实事求是地予以确定。对于回小来说,面对生源不足、多民族学生差异性较大、各方面资源不足等问题,我认为,必须遵循层次性原则才能规划符合本校特点的德育模式。

3. 相关性原则

在整体规划德育体系中,还有一个不可忽视的问题,那就是环境与德育系统本身的相互关联性。整体规划学校的德育体系,就应当致力于营造高品位、有特色、多样化的校园文化氛围,并发挥其独特的育人功能。回小根植于"崇本"的校园文化建设正是相关性原则的良好阐释,通过"根植崇本校园文化""耕耘民族融乐园课

程""栽培崇智乐学课堂"三个重点项目的推进,力求达到学校办学
理念和学校各项工作领域的无痕渗透和有效整合。

4. 全员性原则

德育规划的落实,有赖于建设一支信念坚定、业务精湛、深谙
德育规律的德育师资队伍,也要充分发挥学校全体教职工言传身
教、教书育人的作用,使学校德育工作形成一个党、政、工、团等部
门和全校教职工齐抓共管的新格局;还要充分借助和发挥社会力
量,助推学校德育建设,也就是说充分发挥全员参与的主动性。为
此,回民小学确立了学校管理、课程建设、课堂教学、教师发展、教
育科研、信息技术、德育建设、家校合作、学校环境、教育再创等十
个方面的具体目标,真正贯彻落实了"全员性"原则。

三、规划的主要内容

学校最早尝试开设茶艺课这一特色项目,取得了不错的成果。
但随着校园文化建设的推进,我们逐渐感觉到,仅仅一项特色项目
无法代表学校的整体文化。2015 年的政府督导报告中也提到"学
校缺乏上位理念引领整体规划"的问题,为此,教师们在茶艺课的
基础上继续挖掘,形成了"崇本"国学课程系列项目特色。在历任
校长和教师们锐意进取、积极探索的积淀之后,我与前任校长、现
任书记方茵一起,在已有的校园茶文化基础上,领导一批有理想、
有追求的教师,完成了办学理念的顶层设计,继续打造民族融乐课
程,实现以崇本教育为核心的特色学校的转型。

学校目前打造的民族融乐课程包括三大体系,整合了各领域
的模块和内容,包括——

1. 崇智乐学基础课程——以绿色课程培养学生的学习能力、学习习惯、学习方法,激发他们的学习兴趣,培养他们的学习素养。

2. 崇德礼乐素养课程——培养学生个人的综合素养,提高适应未来社会生活的能力。

3. 崇本融乐民族课程——体现民族特色学校的课程特点和价值品位,激发学生的民族情怀以及传承中华优秀传统文化的热情,促进他们全面、有个性地发展。

四、规划的关键路径

回民小学将各种路径、方法都统整在"崇本融乐"之下,从"构建德育网络,挖掘德育资源,增加德育效果"三个方面来努力落实德育整体性规划。

1. 构建家校社德育网络

因少数民族儿童人数多,各民族儿童的家庭也各具民族特色,为此,学校建立了一个关系平等、相互尊重、沟通有效、协作紧密的回民家校联合育人共同体。我们确立了共同体的行动原则:目标一致、行动同步,促进学生品德发展、学业进步以及身心健康成长。以回民家校联合育人共同体为纽带,我们为家长参与学校管理、参与年级和班级活动创造机会,并形成传统;我们还充分发挥教育工作者的专业优势,为家长提供育人方法指导,提升共同体成员的整体育人水平。

此外,我们还依托社区、街道和黄浦区民委,深入开展崇本教育实地调研,为创建有校本特色的、平民化的、民族化的回民小学,培养具有全球视野、民族情怀的未来公民提供来自社区的独特视角。根植于民族融乐园课程文化,我们也与校外教育机构、协作单位建立了友好协作关系,组织教师和学生参与交流活动,拓展师生的都市视野、提高师生的跨文化沟通能力,强化他们民族情怀的同时,培育崇本教育校园文化。

最后,我们还在试点年级引进外籍教师,如阿拉伯语教师,探索构建中西合璧、民族融合、崇智乐学的课堂文化;并深化区域民族学校合作与交流,从学生培养、教师培养、课程建设等方面加大民族学校合作办学的广度、力度和深度,不断深化民族教育的内涵,擦亮学校区域内民族教育的"名片"。

2. 挖掘德育资源

在内涵发展方面,回民小学开展基于问题、致力于培养学生自信心的新型课堂教学模式的研究,缔造尊重差异、生动活泼、形式多样、倡导绿色教学的课堂文化;重视学习过程中学生参与和体验环节的设计,促进认知、技能、情感、态度、思维习惯的同步发展;从学生学习需求出发确定教学内容,充分考虑教和学的关系,以学定教、以学导教,为学生整合知识、发展技能、丰富情感,提升素养提供充分的机会和空间;尊重儿童的生命成长规律,设计体现学生特点的学习体验,创设活泼而有效的学习情境,促进儿童个性的自主发展,使他们拥有快乐、自信和成功的心理体验。

经过一段时间的摸索、实践和积淀,我提出了"全员育人"的要求,力求把德育落实到教学和管理的各个方面。

在教学方面,回民小学以"树师德、正师风、强师能、铸师魂"为主题,大力弘扬新时期教师的职业精神、专业精神和敬业精神,提高教师的综合素养;以课题研究、行动反思等方式推动教师"求严、求实、求活、求新"教风的形成,实现教师与学生的共同成长。我们还致力于完善教师专业发展的管理运行机制,分类推进教师培养、促进教师主动学习,并缔造悦纳自我的文化氛围。我们也为教师搭建多样、适宜的专业发展平台,让每一位教师感受到被关注、被尊重、被支持、被信任,在辛勤工作的同时享受幸福成长的乐趣。此外,我们也重视教师教育教学经验的积累、总结和提炼,尽力将其中的优秀教师打造成校级和区域的学科领军人物,使其能在校内外辐射专业力量。

在管理方面,我在学校管理层当中建立了完善的管理机制,促使优秀教师得到充分的专业成长机会。在此之中,我积极倡导"管理就是沟通、服务和引领"的前沿管理理念,促使学校管理重心不断下移,每位管理人员落实三个"一",即一个主管的条线、一个分管的年级、一个蹲点的教研组,并深度参与年级组、教研组的各项活动。深入一线,与教师一起研究、一起解决问题、一起分享成功与快乐,也为学校管理层带来了充分的成就感和融洽的人际关系。

校长及其他管理人员则静下心来,求真务实,潜心搞教育抓教学;走进课堂熟悉教学,与教师共研究、同发展。并提出了如下几点工作要求:工作作风务实、工作态度亲和、工作水平专业;沟通要主动、服务要到位、引领要超前;力争"五勤":手勤、脚勤、眼勤、耳勤、嘴勤;避免"五少":看得少、走得少、到位少、沟通少、交流少。我们认为:学校管理就是要让教师更乐于奉献和创造,让每个人都找到自己的位置,让每一位教师打心眼里喜欢每一个孩子,打造绿色的课堂,让孩子学得轻松、快乐、自信、成功。

3. 增强德育效果

提升全员参与德育的意识,建立健全师德师风考核制度,规范全体教师的育人行为,以良好的思想道德行为和健全的人格引导学生健康发展。重视学科德育的发展,挖掘学科中的思想道德内涵。探索教书育人的内在规律,进一步完善教师教学评价制度,把育人放在首位。开展班主任技能评优竞赛活动,以赛促建,提升教师的育德意识和育德能力。继续深入开展"一班一品"的创建活动,营造良好的班级文化,构建各民族儿童友好共处的和谐关系,形成良好班风。以开展"星级班级创建"为抓手,积极探索班集体建设的内在规律,使校内星级示范班级的面不断扩大。充分尊重每个学生的个性特征,搭建平台促进他们的个性化发展,如积极开展"我能行,我最棒"活动,深入推进中华经典颂写讲活动等。并持续开展"关爱特殊学生"的研讨活动,进一步加强弘扬民族优秀传统文化和社会主义核心价值体系的校园文化建设。

五、规划的评价和跟踪机制

1. 评价

在回民小学,德育规划的评价设计和办学成果的梳理、提炼、反思、改进,以学校发展为最终目的,以学校自我发展和进步为评价准绳。为此,我对规划制订的办学理念、办学目标、工作内容和主要举措的落实情况进行了全程跟踪调查,进一步明确过程中目标的达成度,以日常化监控和阶段性评价保障规划在学校发展中的重要地位和作用。

具体而言,我将学生发展、教师发展、学校自主发展三个方面进行整合,包含评价设计、成果预设等,其中每个评价项目都设计了详细的评价指标或量表。如学生发展评价有回民"小达人"评比、"不一样的我"评选、班级日常行规评比、学生成长手册和回民小达人护照等。教师发展评价有班主任考核、特色教师、骨干教师、教学新秀考核、全员考核、中层管理人员日常考核、教学常规评价、绿色教研组和教研组长聘用评价、"青蓝杯"青年教师教学评比等。学校发展评价有家长调查问卷与反馈、家长开放日、上级部门的专项检查评估与反馈、评价信息分析与整理。

2. 跟踪机制

在践行德育规划的过程中,需要不断检查验证、适时调整。为此,我从五个方面对规划的实施情况进行跟踪调查,并根据结果提供动态、适切的保障。这五个方面包括:思想保障、组织保障、管理保障、制度保障、科研保障。

综上所述,我的心得是:德育工作有千万条线,规划德育工作就好比穿针引线;穿针时,如果线头太大,则必须捻一捻,这个捻,就是整合;对于回小来说,这个"捻"就是"崇本融乐"。

第三节　德育规划的具体实践

任何事物都是运动的,从教育哲学的高度来审视,学校的德育规划也是在不断运动、相互协调中螺旋状上升的。基于此,我将在回民小学德育工作动态发展的具体实践总结为:抓准一个点、连成一条线、形成一个面、织成一张网、最终回归校本。

一、抓准一个点

整合的德育体系应该有一个突破口,或者切入点,这样,千头万绪的工作才有一个抓手。这个点应该"人无我有、人有我优、众所公认、相对稳定、效果显著"。我根据回民小学的特点,基于儿童立场,抓准了一个整合突破点:崇本融乐。这也是学校整个德育规划的灵魂。让每一个孩子接受自然、绿色、适切的教育,为此,铸造适合每一个孩子个性特点的教育模式,才是教育的本源,也是学校"崇本教育"的宗旨。对此,我认为,学校的使命就是要为每一个孩子提供适切的教育。适,就是适合教育规律;切,就是切近每个孩子的身心发展规律。秉持"适切性教育"理念,我从学生的成长需要出发,立足学生的身心发展需要,契合学生的个性特点,尊重学生的人格发展需求,努力打造适合每一个孩子发展的教育。

"点"的横向运动表现为内涵的丰富。作为一所民族小学,我一直倡导教师员工牢记自己的使命。"崇本融乐"是学生为未来生活而准备的教育,这是回民小学多年以来坚持的校本文化;但在新的历史时期,也需要积极探寻新阶段转型与发展的新方式,在社会变革的时代背景下争取创新性、突破性、可持续的内涵发展,从而把学校办得更有品质、更有文化、更有实力、更有影响力。

例如,我校拥有丰厚的茶艺课程积淀,以《小茶人游走老茶馆》为载体,我带领教师们大胆探索学科跨界组合;并以探究学科为中心,结合一年级零起点课程开展主题性综合实践活动,力图进行学科辐射引领。在原有的 18 门课程的基础上,我校还增设了太极、绒绣等课程,满足学生更丰富、更个性化的需求,力图使他们在不同的课程体验中,收获一样的快乐和成长。回民小学正是通过民族融乐课程这一经脉,串联起丰富的课程内容,将课程目标、学习模块、内容主题与学生需求加以统整,创造条件,汇聚优质的教学资源,彰显学校民族融乐课程的文化特色。

二、连成一条线

"点"的纵向运动可以看成是——线。我校德育的"线性"工作经验是,对预先设定的教育目标进行层级划分,据此针对不同年级提出不同的要求,并安排由浅到深的教育内容,采取配套的差异化教学法,形成自身的序列,这就是德育体系的"线"。

在我看来,回民小学作为小学要起到承上启下的枢纽作用,向"下"要与幼儿园对接,不选择、不拒收,让每个幼儿都能得到适切的教育;而向"上"要为毕业生将来中学的学习打好基础、做好铺垫。为了让不一样的儿童一样都能在回民小学的土壤中百花齐放,我重点推进了三个关键项目:"根植崇本校园文化"(学校开放民主的管理文化;教师敬业爱生的办公室文化、积极进取的科研文化;学生自信进取的学习文化、文明合作的活动文化;后勤团队优质主动的服务文化)、"耕耘民族融乐园课程"(生动活泼的课程文化、求实求新的特色文化)、"栽培崇智乐学课堂"(融合激趣的课堂文化、崇本厚德的教研文化)。并创造性推出了"项目负责制",由项目负责人根据学校"崇本教育"办学理念的核心思想来规划、设计、推动、评价项目,力求达到学校办学理念和学校各项工作领域的无痕渗透和有效整合;并借项目的契机进行教育教学的深度变革,在此过程中积极探索新方法、新途径。

三、形成一个面

线的纵向运动可以看成是年级的衔接或关键元素在要求上的延伸;而线的横向运动可以看成是——面。学校教育绝对不是单线的,政治思想教育、道德品质教育、心理素质教育,不能割裂为各自为政的三条线,因为它们是互相联系的;课堂教学和班、团、队活动及社会实践活动也是紧密相连的;知识与能力,过程与方法,情感、态度与价值观的三维目标,也不可能是各归各的。我们不仅应该看到这种联系,而且要充分利用这种联系。为此,我要求教师们在形成上述教育序列(不同年级、不同要求)的同时,还要在同一年级活动课的德育任务中做出横向的安排,以融进各科教学不同的要求。这样一来,既有"线"上的分,又有"面"上的合,才能形成一个年级层面的"教育力"。

为了在全校范围形成这种"教育力",我把学校十大领域的各项工作整合到三个项目中,并从"促进学生发展、促进教师发展、促进学校发展"三个维度,完成德育完整板块的规划:

1. 德育和课程的整合,促进学生发展;

2. 基于课程标准的教学评价,以绿色课堂促进教师发展;

3. 根植"崇本教育",以校园文化建设促进学校整体发展。

四、织成一张网

我认为,面的横向运动(与学校其他各项工作的交互作用)可以看成是网,这是学校对学生提出的适用于不同生活领域的德育要求进行"立体编织"的结果。学生的生活轨迹在学校、家庭、社会三大空间不断变换,为了实现总体目标,德育活动应当覆盖学生的全部生活场域。这样一来,就必须在构建学校德育体系的同时,一方面建立校外教育网点,使学校德育向外延伸;另一方面采取各种手段强化与家长之间的联系,并将有意愿、有能力的家长吸收进来,深度参与学校德育过程。

【卷尾语】

为了寻找最为适切的教育方式,打造具有都市视野、适应未来社会生活的不一样的"我",我提出了整合性思维,在此理念统领下,回民小学德育课程紧紧围绕学校总体发展目标进行总体规划,精研民族教育传承中华传统文化背景下人类核心美德的养成教育;形成了反映不同年级和学生年龄特征的、循序渐进的道德教育目标和内容;并整合课程体系,开展德育实践活动,强化学生角色体验。通过努力,我们全面构建了一整套新型的"参与·体验·感悟"德育模式,为塑造有温暖记忆、有文化归属感、有民族情怀的品质人才奠定基础,努力使学生成为一个学校需要、家庭需要、社会需要的完整的人。

第二章　爱岗敬业塑"崇本"

【卷首语】

何谓"敬"，朱子解释得最好，他说："主一无适便是敬。"用现在的话讲，凡做一件事，便忠于一件事，将全副精力集中到这事上头，心一点也不旁骛，便是"敬"。敬业，就是"专心致志以事其业"。爱岗是敬业的前提，因为热爱岗位所以全情投入！

如果你想知道回小的师生员工如此热爱又专心投身其中的事业是什么？不妨通过我任职期间的眼、耳、手、笔，来对回小教师进行观察、倾听、访谈和记录，提炼几代回小人一直在坚守的"根与魂"——"崇本教育"。请随我走进回民小学，看看以教师为主体的回小人是如何用爱岗敬业的精神落实德育顶层规划，从而塑造"崇本"之魂的。

二〇一六年十月，我新任回民小学校长的第六个月，区德育名师工作室曾访谈我，请我谈谈对回民小学的办学思路，特别是对学校德育工作的思考。访谈结束后，工作室导师曾称之为"一位普通小学校长的大境界"，我也曾经为此写过一首小诗，谨录于本章之首作为引言：

当你踏入一所新的学校,你会怀揣着怎样的梦想?

当你认识一批新的同事,你会拥有着怎样的情怀?

当你接手一群新的孩子,你会肩负着怎样的责任?

当你迎接一个新的岗位,你会践行着怎样的使命?

教育梦想、教育情怀、育人责任、育人使命,当这些美好的"大词"落实到对于学校德育工作的思考和实践中,我期待用自己的眼睛去观察、感受、辨别其中的行动主体——学校、教师、学生以及自我的特色、优势及其兴趣爱好所在,并基于此提出落实德育顶层规划的实践策略。

第一节　一位普通小学校长的大境界

一、校长眼中的学校

回民小学是一所具有民族特色的学校,规模不大,生源主要是外来务工子女,周边主要是老城乡棚户区。"办学生家门口温暖的学校,托起教育的底盘"是我任校长以来对学校的定位。并且,在我看来,打造教育的顶尖和托起教育的地盘,责任一样重大。回民小学应该是一所有文化、有内涵,有自己的育人追求、办学理念的学校,全校师生对文化有独特的诠释,同时还有一套系列规划的工程和项目去支持、推动学校的发展,我相信,唯有如此,学校才能焕发出蓬勃的生命力。这个信念支撑着我一定要以德育为主要抓

21

手,努力打造不一样的学校、不一样的教师、不一样的学生!

但德育是个系统工程,不可能一蹴而就,经过近半年时间的思考,我在充分了解了校情、师情、学情的基础上提出了"崇本教育"的办学理念,致力于打造民族教育特色学校,建设学校特色课程、丰富学校文化内涵。为此,我将"将每一个孩子培养成为兼具民族情怀、都市视野,自信朴实、勤劳能干,有回民小学特质的终身学习者和未来建设者"设定为回民小学的办学目标。

回民小学是一所民族学校,回民是我国少数民族中分布最广、最密集的少数民族之一。对于"民族情怀",我抱持的是多元文化视角下的观点:"学校对每个少数民族同等尊重,各民族师生互相融合、彼此怀有感恩之心,这也是我校的办学愿景之一。"在我看来,上海市义务教育阶段的优质教育对全国各地的学生开放,外来的各民族学生均能享受国家优质教育的投入。只要我们汉族的学生悦纳来自五湖四海、不同区域的同伴,形成所有学生融合团结、互助互爱、平等交流的共同体,并抱有尊重、感恩、友好之心,就能形成民族大团结的格局。哪怕外来务工的家长,也能充分感受到整个上海及学校在他们子女教育中真心的付出,怀着感恩之心。若能做到,就能使回小的教职工更强烈地感受到一种神圣的教育使命感。

此外,回民小学还应该是具有都市视野、现代化气息的学校。海纳百川、追求卓越、开明睿智、大气谦和是上海城市的品格,学校在推广普及"少儿茶艺"系列课程中、在实践体验学习中,应当使得每一个回民学子渐渐地爱上上海、融入上海、奉献于上海,并拥有更加开放、融通的视野。

我也深深感受到在办学中渗透政治认同、文化自信、国家意识、公民人格等德育思想的重要性,唯有如此,学校的育人责任才能得以彰显。

二、校长眼中的教师

教师与校长、学校之间该缔结一种什么样的关系?在我看来,回民小学是一个集体,每个人都是集体中的一分子、都依靠这个集体;任何人的成绩都离不开团队的通力合作;重要的事项每个人都要参与进来,共担责任;教师与校长抱团取暖、相互依靠、共同成长。

"理想很丰满,现实很骨感。拥抱教育的未来让你激情四射,但当你走进现实时,会觉得没这么美好",不少人到中年的教师会发出这样的感慨。面对这样的"人间清醒",我经常晓之以理,动之以情:"无论身为校长还是教师,都必须追求教育情怀、教育理想。如果缺少情怀,在日复一日的常规工作中,你就会缺乏动力,觉得自己的付出与收入不成正比,永远不满足;而且,人还是要有一份感恩之心,就算那些40多岁、可能进入职业倦怠期的老师,也要意识到你今天的专业成长、桃李满园离不开其他人的帮助和指导"。

我还认为,一所学校真正走向高端的标志是文化自觉和价值引领。以中国女排教练郎平举例,郎平不是为了一百万年薪当女排主教练的,而是出于一份民族情怀。正是这份情怀激励她带领中国女排走向冠军之巅。诚然,学校应该为认真付出的教师提供应有的绩效奖励,但作为校领导,更多的精力应当放在挖掘教师绩效中核心的文化和内涵上,包括合作的团队、互助的伙伴、和谐的环境、精神的富足……这就是回民小学的学校文化和价值追求。

在区德育工作室的成员对我进行"德育工作的思考"的访谈时,我发自内心地对他们表达了自己作为资深教育管理者的几点感悟:"其一,一个人不能成就一项伟大事业,要知道任何一项有价值的工作,都是大家共同努力的结果。其二,就算你在团队中的付出很多,也没必要自我标榜,毕竟没人强迫你,付出多也是你心甘情愿的。其三,即便付出了,也不要求回报,要知道有时候期望越大、失望越大。其四,规划好了就去做,获得成绩和嘉奖了要怀揣感恩之心,意识到这是领导和同辈对自己赏识的结果;没有得到也不要自怨自艾,只要对得起自己就可以了。其五,思维方式决定人的行为方式,很多人得不到职业幸福感是因为感觉只有付出没有获得,因而心态失衡,继而影响他们的思维、行为模式,所以一定要摆正位置、淡泊名利。最后,做事本着自己的良心和责任感,以这样平和的心态踏踏实实做教育,一定不会差。"

在以言传身教多种方式提升教师的教育境界的同时,我也很重视教育管理的实效性。为此,我对校长室、中层干部、一线教师分别在部门、个人层面做出了整体设计,注重项目引领和内容整合,充分发挥中层干部和骨干教师的教育热情和创造力。具体说来,我以"一学期一个项目"的方式、纲举目张推进德育工作,首先关注目标的引领、预设成果的评价,同时强调过程中的反馈以及成果的展示分析,最后也十分重视对项目进行及时的反思与优化。通过这样的教育管理改革,学校骨干教师、班主任、教研组长、青年教师的队伍逐步形成梯队,在展示平台、绩效考核、推进发展等方面形成了良好的制度激励与教育氛围,有力促进了教师队伍的专业发展以及代际衔接。

三、校长眼中的学生

在我的引领下,回民小学始终坚持"以学生发展为本"的教育理念,不选择、不拒收少数民族学生。回小学子也着实让我自豪,尽管我们的学生几乎没有经历过学前教育,多为农民工子弟,但他们也有翅膀,也照样可以飞翔。少数民族是我们民族大家庭的一分子,他们的子女应该享受和其他民族的同伴一样的、快乐成长的学习环境。

在我看来,提升每个学生一生受用的核心素养是所有教育工作的出发点和落脚点,我们学校就是为了每一个学生的健康快乐成长服务的,这样他们才能更好地选择自己的人生,才能成长为国家的栋梁之材。在这里,我想讲一个亲身经历的故事,有一次我去迪士尼乐园玩,看到一个孩子由于太累了,而坐在了售票排队的通道处,阻碍了游客购票。于是,有游客跟孩子商量,小朋友你能不能让一让,能不能换个地方休息?但孩子却执意不让,引起周围游客的议论。我不由得感慨:如果这个孩子来自回民小学,情况可能就会有所改观。因为我们培养的孩子是善良的、朴实的,是有责任感、能自律的,也是健康、阳光的。回到核心素养的育人目标,我认为,应当将其划分为一个个适切的德育目标,这样才能培养具有社会责任感的优秀学子。

在回民小学,我们崇尚"教育回归本源"的教育宗旨,让每一个孩子接受自然、绿色、适切的教育。对此,我的解读是:学校的使命是为每一个孩子提供适切的教育。所谓"适",就是适合教育规律;

所谓"切",就是契合每个孩子的身心发展规律。这样的育人理念接地气,符合学校的办学理念,符合学校的生源现状。

在深耕学校德育的过程中,我也深深感受到,教育不在于高大上,而在于真正尊重学生的人格发展需要,努力创造最适合每一个孩子发展的学习环境。在此,我也非常感谢区德育工作室的成员帮助我校教师对学生学情进行分析,对学校育人价值观的形成很有启发。最值得一提的是班主任曹老师在工作室团队指导下的主题谈话课"成就不一样的我",堪称"以一堂课成就回民小学独特的育人价值观——成就不一样的我"的典范。而"自信朴实,勤劳能干"也由此成为学校培养学子品格的新路标。

四、校长眼中的自己

"现在的辛苦规划是为了将来更有效的工作",这是我平时工作的座右铭,也经常拿来与同事们共勉。在社会主义核心价值观中,作为一名新校长,我又是如何身体力行践行"敬业"二字的?

来回民小学履职之前,我在复兴路第三小学深耕了十几年,从教学教导到分管教育、教学课程管理的副校长。基于长期的教育管理工作经验,对于德育管理而言,我最大的心得就是将德育与学科有效整合,真正做到减负增效。而当时,对于角色定位,我也想得很清楚:"配合好校长,指导教师把办学理念落实到具体的各个板块中、各种教育教学实践中。"

现在作为一名执掌学校的校长,一所学校的灵魂,我深知自己肩负的重任,为此,我不停地观察、访谈、学习、研究,对办学理念进行"灵魂搜索",梳理学校发展的脉络,凝聚团队的合力,总之,顶层设计方面还有很多事要做。

对于德育管理，我认为先要"找到魂，觅到根"。如何寻找？有感于"静"能生"慧"，整整一个暑假，我没有出去旅游、度假，而是静下心来把进回民小学这几个月来深入学习、互动、访谈等获得的材料进行消化、吸收、梳理，并基于此规划学校未来几年的发展蓝图。本是疏于笔墨，然而由于感悟至深，竟然洋洋洒洒写了几万字！

我开始思考："为什么校长有必要花费大量时间在办学理念上进行推敲呢？一线的教师会觉得大而空，或高高在上，似乎并没有太大的实用价值。但发自内心地说，办学理念绝对不空，不是空中楼阁，而是实实在在地存在，统领学校各项事务并赋予学校灵魂，甚至赋予教师工作以灵魂。教师们只有努力去理解它、诠释它，内化为实实在在的教学行为和教学策略，学生才能真正受益。"

想到此处，作为一位新任校长，我不由得坚定了竖起"校魂"的信念。并决定接下来的一个学期中，将通过校外请专家、领导把脉；校内充分听取教师建议的方式双线推进学校变革。这样就既有理论支撑，又有具体措施，有利于得到师生认同。此后，我带领团队，一步一个脚印打造回小人"最好的自己"。

有一次，我对区德育名师工作室就回民小学未来发展蓝图进行了系统介绍，特别是对崇本德育育人的独特思考。导师评价称，在我身上感受到了一种智慧、境界与责任。有人说："平庸的人有一条命，性命；优秀的人有两条命，性命和生命；卓越的人有三条命：性命、生命、使命。"罗曼·罗兰也曾说："生命被赋予了一种责任，那就是精神的成长。"于我而言，社会主义核心价值观的落实不是空话，而是在学校实际工作中点点滴滴地践行。为此，我立志不忘初心，兢兢业业，以"三条命"的敬业精神为回小的明天、学校师生的明天而锐意进取、努力拼搏。

五、校长眼中的教改

区德育名师工作室曾蹲点回民小学整整两年，其导师曾发表感言："如果说初访回民是走近它，那么蹲点回民则让我们不断读懂它、记录它，并且试着去融入它、发展它。感动于它的底蕴，感慨于它的成长与变化。在此过程中，我非常感谢吴校长和她的团队，精心地安排蹲点，毫无保留地将她德育教育的经历、经验、心得甚至困扰与我们分享交流，而每一次的互动中，我们都能互相学习，碰撞火花，获得双赢。"

这其实也是我的心声，教育事业本来就是"众人拾柴火焰高"，回民小学就是回小团队与名师工作室"双向奔赴"的场域，激发了无数交织的美妙火花。2017 年 6 月 28 日，在一次工作室总结会议上，我从一位普通小学校长的视角，就"整合"话题对回民小学的育人目标进行了详细阐述并拓展了时代内涵，赢得了学员们的共鸣：

> 以前我们的培养目标是"民族情怀""都市视野"，定位是站在上海角度的海派文化、都市情怀，而如今我们还要增加一条"世界眼光"。最近看了一篇与全球胜任力相关的文章，很受启发。"全球胜任力"的核心内容之一是民族文化的认同、民族身份的认同。认同自己的民族就会爱国，这是底色、是根本，在此基础上才能更好地放眼世界。据统计，每两百个中国

人中就有一个在中国停留时间超过三个月的外国人,特别在京广沪深等地区,学习、培训、工作的外国人更多。我们有走出去的,也有他国走进来的,这是一个开放的世界,我们培养的人应该有全球胜任力。全球胜任力的核心要素是民族文化认同感,在民族的概念上多一层含义,即"民族的就是世界的"。我们越来越意识到民族的传统文化不但不土气,反而很洋气,它越来越紧密地与世界接轨,就如同茶文化。中国人在喝咖啡,外国人也在学习泡茶、饮茶,中国武术名扬海外。为此,我们对学校的定位应该再上一个台阶,世界是平的,民族的才是世界的。

在此基础上,我从专业的角度,进一步深入解读了核心素养教育改革时代的系列关键词——

关键词之一 传统文化与全球胜任力

前面提到,在育人目标的定位上,回民小学牢牢地抓住学校的根基"民族情、中国心",而"世界眼"的提出为民族情怀搭建了更开阔的平台,引入了更宏观的视野,蕴含于其中的民族自信、国家意识以及责任担当正是"民族情怀"的更丰富、更恰切的诠释。

回民小学学校虽然小,但是我提出的德育目标是要放眼世界,也许有人会觉得太过于"野心勃勃",但我们认为,这是适合我们这个时代、适合上海中心城区儿童的、梦想高远的教育形式。早在十多年前,美国就开启了全球胜任力培养的教育探索,新加坡、中国台湾等国家和地区也构建了全球胜任力的课程体系,并细化为操作途径。而2016年,在杭州G20会上,习近平主席首次在教育板块提出了"全球胜任力"概念。

不仅在国际教育改革或国家政策层面,在社会各界、各行各业,传统文化教育现在都已经成为一种时髦的话语,如各个媒体收视率极高的"中华古诗词大会""朗读者"等都是传承传统文化的典范。我们学校作为以民族教育为特色的学校,我在办学定位中增加了"世界眼",意味着:我们在中国看世界、从世界看中国。也就是在全球化进程中,中国文化要更加融入世界;与此同时,我们传承了五千年的中华传统文化也要向外传播,让世界对中国更了解、更认同,从而实现相互学习。我这种"民族文化对于世界的价值与意义"观点得到全体教职员工的认同。

关键词之二　专家型教师与学习共同体

在推进德育工作以及整体系统规划学校发展中,我引领骨干教师们不断开阔视野,捕捉国内外教育改革的前沿动态、资讯、趋势,不断提升管理团队教育睿智度、敏感度与洞察力的同时,以紧迫的使命感触摸、感受时代脉搏,并力求与之同步。我要求管理团队的骨干教师们不仅密切跟踪本国、本市、本区的教育要求,深入学习相关政策文件,而且要积极关注各地区、各国教育改革的"显话题"以及与教育相关的时事、热点。在经济全球化、互联网高速发展、中国改革开放不断推进的当下,人们有越来越多的途径了解世界,世界也在不断地走近中国。回民小学的教师团队清楚地认识到,他们有关民族文化传承的育人目标要随着时代的发展不断与时俱进。

我经常对老师们说:"我们学校小,但定位不能低,很多项目也许刚开始时我们无法全面铺开,但可以从一些点上开始探索,以点带面,直到把所有重要板块都包括进去,形成我们自己独特的诠释。"

虽然并没有形成全校性的操作手册或规范文本,但我能深切地感受到这些理念已经被教师们吸收、内化、整合了,有力驱动着他们的专业成长和业绩进步。比如我习惯于在班主任的专题例会和研讨会上与大家一起讨论学校的发展、目标等宏大话题。第一学期,教师们可能还对办学目标只有模糊的概念;第二学期开始诠释办学理念,并找到自己的研究兴趣和研究方向,并落实到实施路径;此后,骨干教师确认自己的教学特长、认定可行的教学理念、找准如何实施的策略。如此一步步发展下去,这些教师就成为特色教师,甚至成长为某一方面的专家。我经常鼓励教职工:"让每一位教师成为某一个领域的专家,在我们学校不是不可能的!"

专家型教师如何养成,我的理解是多问、多学、多研究。因此,在佐藤学微感言的篇首,我留下了一个"?",是想传达一个信息——我们应该去学习、去看更多的东西,不要沉迷于自己眼前的琐碎事务。学生有学习的权利与义务,教师也有学习的权利与义务,回民小学要成为教师的学习共同体,以此促进专家型教师的成长。

当然,我也深知前行的路并不简单,片区的拆并使得学校以几何量级的速度遭遇生源的锐减。学生数量少意味着教师常规的教学工作量减少了,但学校还必须生存下去,那到底要做什么事、怎么做事呢? 我曾读到过一篇文章,叫《远离空闲的人》,印象很深刻。我的感悟是:有的人太空闲了,就会无所事事;只有当整个团队都在研究如何工作、形成一种学习研究共同体,团队才会实现发展。在回民小学中老年教师居多的情况下，要打造这样的学习研究共同体有些难，但是难也要开展，毕竟有变化才能有发展！

关键词之三　教师专业成长

两年下来，回民小学教师团队实现了长足的专业成长。这些成长来源于团队持续不断的学习，来源于对学校深入肌理的深刻解读，来源于对全社会赋予的教育使命的责任担当。如今，回民小学一方面在育人目标的落实上有计划、有步骤地推进；与此同时，还通过教师的专业发展、教育理念的不断提升，不断螺旋状完善、细化具体的课程、教学、评价改革目标。

教师的专业发展源自学习，我作为引领者和掌舵者，自身也在不断地学习中成长、成熟、沉淀思想。在很多老师的印象中，我的表达言简意赅，但只言片语中的理念、信息、事例兼具前沿性和针对性，对他们启发很大。这既因为系统学习打开了我的视野；同时学习后的自我消化、理念渗透、有效运用，也增强了我教育理念、教育策略的实践性和可操作性，最终促进了回小学校学习研究共同体的形成、维持与不断优化。

在我看来，学校行政班子理应成为学习、研究的排头兵，为此，在学校一步一步、稳扎稳打发展的过程中，行政团队也不断地把自己的学习心得以及对学校定位的理解传达给教师，形成了强化和激励的效应。这也是题中之义：骨干教师是教育改革的先行者，学理念、寻特长，边学习、边实践，这样才能让他们成长为某个领域的专家，而学校的角色则是在整体规划上为教师的专业发展提供良好的平台。

当然，我也不惮直面回民小学现实中存在的棘手难题：中老年教师比例的增长、生源的锐减、教师常规工作量的减少,如何让教师在"闲"中发展? 最重要的手段当然是促进教育改革的理念、策略、方法的学习与研究。在此之中,学校学习氛围的营造是促进教师专业发展的重要因素。

　　行文至此,我想起了区德育名师工作室分享给我们的关于核心素养的学习资料,其中指出核心素养教育改革主要遵循三个原则:尊重科学性、注重时代性、强化民族性。

　　回民小学将核心素养教育改革的原则有机融入了学校的办学目标中,但其有效达成的前提是科学的规划、精准的定位。在"教育应培养什么样的人"这一问题上,回民小学提出了"民族情怀、爱国之心、全球眼界"的培养目标。该目标传承了回民小学作为办学根基的"崇本教育",但在"民族情怀、爱国之心"这些"本"之外强化了"全球眼界"。该目标的提出是回应科技迅猛发展、全球化深入推进的时代潮流,也符合教育改革的主流趋势——站得高方能看得远。让不同背景的儿童在世界舞台上展示、彰显民族文化,我认为,意义非凡。同时,我也相信回小教师团队既拥有仰望星空的美好愿景,又能推进脚踏实地探索实践,一定会让学校的明天更美好。

第二节　话民族之魂,品崇本之韵

　　我国的茶文化历史悠久,源远流长。茶,以其芬芳之气,甘美之味,给人带来了生命的活力。在回民小学,茶文化不仅是一种生活方式,也是中国传统文化的现代表达,还以特色课程为载体铸就了学校的民族之魂、崇本之韵。我校的方茵书记是少儿茶艺工委会主任,她可是一名深藏不露的民间茶艺高手,不仅精通茶艺,还把这门传统艺术教授给了学校里的每一个孩子。如果你推开回民小学的茶艺室,有可能方书记就端坐案前,招呼你坐下,颔首微笑,典雅大方。当她的指尖划过杯壁,端起一杯刚沏好的茶递给你,一缕茶香袅袅飘来,让人心旷神怡。就着这茶香飘逸,让我们和方书记一起回味成长、品味发展,体验传统文化课程化的魅力。

一、回味成长,品发展之路

方茵书记是土生土长的回小人,是回民小学成长和发展的见证者。从1992年进入学校,掐指一算已经二十几年了,没有换过学校,可以说是在这里发的嫩芽,酿的文化,如今回味成长历程,品味回小发展,她时常感慨万分。

方书记经历了四任校长的办学过程,回民小学的每一步发展她都是亲历者。我还是新任校长时,她就跟我分享了学校的由来:"回民小学成立之初是为了解决穆斯林学生的就学问题。回族的特点是大分散、小聚集,不像维吾尔族、藏族人,会聚集在一个地方。除了宁夏回族聚集在同一个地区,其他的回民在中国是大分散的,只有在一个地方才会聚集,那就是清真寺附近,比如上海的小桃园清真寺、福佑路清真寺等。当时的回民小学就是在清真寺里办学堂,经费是由回族穆斯林集资募捐的。一直到解放以后,才把学校交给了政府,由教育局使用这块地方来办学,因此学校就被保留下来了。"

介绍起学校的起源来,方书记如数家珍。说起回小的历史,她颇感自豪地回忆,自己曾经有幸采访过这所学校的创办人——金幼云先生。她清晰地记得,老校长谈起回民的过去侃侃而谈,还发起要在回民小学的原校址建设一座民族陈列室的倡议,她深深感到,这是绿叶对根的情意。

方书记还告诉我,她最近的一次采访是对回民小学原校长伍贤德先生的采访,在与老先生的对话中,也能感受到同样的情愫。老先生说自己的记忆力下降了,以后不一定能都记得清,一定要把学校的发展经历记录下来。"这所学校的成长真不容易,它是炮火中成长起来的,发展到后来,解放以后,也没有因为新中国的解放而消失,不但保存下来了,而且发展得越来越好……"复述老前辈的话语时,方书记感慨万千:"每次的采访都让我觉得他们对自己的学校都充满了感情,而我是在接触这些办学者的过程当中,不断加深对学校的情感以及自身的使命感的。"

正是因为方书记亲历学校的成长与发展,又通过访谈积累了很多珍贵的一手资料,很多回顾校史的项目,我都会交给方书记去做。我也深切感受到,每次对学校历史、学校文化的回顾和梳理,都会进一步加深她对这所学校的认识,加深绿叶对根的情意。"每次通过进一步地梳理、归纳、总结,我都会产生一些新的发展思路。"在这一点上,我与方书记颇有共鸣:寻根溯源,根扎得越深,就会越枝繁叶茂;也更容易长出新芽,结出新果。

二、肩负重任,谈民族教育

说起方书记的成长历程,她最早担任学校大队辅导员,担任回民小学书记11年,在我上任之前,有一段时间还兼任校长。在组织工作的一年多时间中,经历了一件事情——综合督导,令她记忆深刻。她经常跟我说:"如果没有亲自主持综合督导的准备工作,我可能对学校的办学不会有这么深刻细致的理解。这段时间里,我做了大量的案卷工作,对学校进行了深入的剖析、整合、梳理,然后形成督导小结。经过了这次督导,我对学校的组织结构、发展脉络、实质核心理解得更加深刻,也更坚定了我上下求索的决心。"

方书记不但是回民小学历史的见证者,更是回小未来发展的传承者,为此,我经常勉励她:"作为学校管理者,我们所要承担的历史责任是薪火相传。"她也很认可这个观点,我们都认识到:政府为什么花这么大的力气培植、发展这所学校,是因为它所承担的是民族教育,其意义是不一样的。清真寺附近都是围寺而居的穆斯林,因此回民小学附近有很多穆斯林的孩子。所以我们所承担的功能就是办好党的民族教育,让这些有宗教信仰的少数民族人士能够享受到政府给予的优质教育资源。同时,我们也亲身感受到,各民族有宗教、文化、地域差异,因此很多穆斯林学生及其家长的思想观点与我们上海大都市居民的思路是不一样的,理念也是不一样的,那么怎样通过教育来融合呢? 这就是我们的使命和担当所在:承担党的民族教育的重要职责,加强各民族的国家情怀以及对中国共产党的信仰。

在回民小学的几年里,我时时刻刻感受到办民族学校责任之重大,也由衷地希望能将学校多年以来形成的特色和文化传承下去、发扬光大。为此,我不仅勤学习、多思考、精研究,也注重一线观察和调研。我深入到课堂、教研组、教师、学生当中,了解回小历史、特色、人员结构,并在此基础之上高效地制订了一个五年发展规划。

我将短短几个月当中马不停蹄深度调研的成果融入这份学校发展规划中,不仅进一步认识到了这所学校的特色、亮点、肩负的使命,也看到了课程架构上缺乏顶层设计等存在的不足,并快速地打通了这个脉络。致力于将原先几代校长留下的文化遗产保留好、呵护好,并传承发展下去;并亲手设计了顶层架构,为回民小学的未来发展指明了方向。

方书记对这份规划的认可度也很高,经常反复研读,心得颇多:"这个规划不是一个具体实质性、限定性的规划,而是一个目标性的规划。在规划中,每个回民人很容易找到自己的位置,在这个位置上看到自己的发展目标是什么,然后可以用我的定位、我的特点、我的内涵,来丰富我的目标,形成一份部门规划、个人规划。如今,我们每个人都在为这所学校的未来勾勒蓝图"。

忍不住为方书记的领悟力点赞。这就是我的想法,教师是知识分子,不能约束、不能限制,而应当在宏大的目标引领下,促使各部门、各层级的教职工各司其职、奋力拼搏,为学校发展添砖加瓦的同时也活出自己的风采!

三、追寻本源,话崇本文化

打造民族教育特色学校和丰富崇本教育文化内涵是回民小学的两大目标。我认为,不管是校长,还是中层干部;不管是新回小人,还是老回小人,都应当对学校办学目标理解通透,并身体力行去发展这个五年规划,从而对崇本教育产生从感性到理性的认识。

谈到"崇本文化",是因为回民小学前身为崇本小学,崇本是对回小的追根溯源。而我也要将之置于当下 21 世纪教育改革、黄浦"办学生喜欢的学校"的时代环境中,重新解读与诠释。

首先,"崇本"是"校本"。回民小学承担了党领导下的民族教育的重要职责。为了适应国家人才培养战略需要,我们订立了"培养少数民族人才,增强文化认同要'从娃娃抓起'"的大目标。在此之下,回民小学的具体目标是"不选择、不拒收少数民族学生",保障每个儿童接受教育的权利。崇本就是要教给每一个学生一生受用的核心素养,服务于每一个学生健康快乐的成长,赋予他们更好地选择自己的人生,使每一个回民学子成为国家的栋梁之材。

其次,"崇本"是"生本"。回民小学的学生背景比较复杂且文化多元,"崇本"就是崇尚以学生发展为本的教育信念,让每一个孩子受到自然、绿色、适切的教育。适,就是适合教育规律;切,就是切近每个孩子身心发展规律。尊重学生人格发展的需要,努力创造最适合每一个孩子发展的教育,是我们全体教职工的使命所在。为此,我们可以从学生的家乡挖掘出不同的文化、从学生的民族探索出各自的精粹,"让每一个孩子更自信,成就不一样的我!"是崇本的目标。

再次,"崇本"是"师本"。根据教师的专业、能力、特长等,我们合理设置灵活的发展路径,以便教师能得到持久、高效的专业发展,也对学校形成价值认同。

崇本教育经历了从隐到显的发展历程,但贯穿于回民小学发展的始终,到了 2011—2012 年,才彻底高亮、凸显出来。在创办之初,崇本教育只是一个"点",一个特色的科目,即把两个学科整合到一起,使其既具有民族特色,又嵌入到小学教育体系之中。随着崇本教育理念的不断深化,学校从"点"发展到了"线",形成了一个拓展性课程体系。如今,崇本教育已经成为一门"立体课程",将学校的基础课程、拓展课程、探究性课程都囊括在内。可以说,崇本课程不仅体现了学校发展的历史脉络,镌刻了深刻的教育理念,而且形成了学校层面的立体课程架构,成为回民小学的"课程基因"。

四、无痕渗透,论学科德育

说到德育教学,我认为德育不是空谈,它必须有载体,而且需要全学科参与、全体教师共同育德。对于学科教师而言,首先要让孩子爱上这门学科,比如数学,不只是说这道题怎么解,而是这道题多有趣,时间一长,就能感觉到教好学生很多时候不只是教技巧的问题,而是要去了解学生的心理,让他们在做这件事情的时候是很有兴趣的,从而爱上这门学科课。只要上了轨道,就能摘到很多果实。

关于学科德育,我比较关注学科内在的文化、内在的意识,还有这门学科跟其他学科的关联,然后围绕德育不断深化其教育内涵。德育的思维是要依靠这些载体的,学生在学科学习中不知不觉就接受了共产主义的信仰。德育教育在触动学生发生变化、成为最好的自己后,家长也觉得,自己的孩子在这所学校中是受重视的、得到发展的,因此认同了学校的教育。我们用自己的行动来向这个"多民族"家长群体表达我们的诚意。一旦他们认同了学校,我们的家长就会全身心地投入。我经常说:"少数民族的孩子、家长实际上是很淳朴、厚道的。我们就要用优质教育获得他们的信任，这是我们回民小学的教育者与其他学校的教育者不一样的地方，我们要更加了解、尊重不同民族文化背景的学生及其家长群体。"

小小一壶茶，回味无穷；小小一所学校，使命重大。对于"为谁培养人？培养什么样的人？怎样培养人？"的问题，回民小学的"民族教育、崇本文化"给出了具体的教育方案，促使师生员工在热爱和忠诚于民族、祖国等方面做出更加深入的思考。

因其定位的特殊性，民族教育小学发挥着不可替代的特殊作用。为此，我在回民小学践行多个民族共存、多元文化交融、多样一体的教育模式，担当起"民族团结"的国家使命和"文化传承、人才培养"的国家责任。这正是回民小学可持续发展之灵魂。

第三节　最炫民族风

要问现在最流行的歌曲是什么？很多人都会不约而同地说是《最炫民族风》，这首歌曲备受人们喜爱，不仅是因为歌词易于被大众所接受，更重要的是刮起了民族旋律之风，唱响了民族文化之魂。借用这首歌的歌名，回民小学的德育之所以始终有其独特的魅力，关键也在于它在师生当中刮起的"最炫民族风"。

一、传承文化之韵

回民小学挖掘传统文化教育的内涵，彰显民族教育特色，通过文化打造形成品牌,主要包含如下三个方面的内容——

1. 校园文化,彰显民族之韵

所谓的校园文化建设,就是要创建师生们喜欢的环境,环境育人,在这浓浓的民族文化氛围中,每位回小师生都会留下难忘印痕,留存温暖记忆。因为这里是师生们的第二课堂,是师生们放飞心愿、畅所欲言的最佳场所。在这里,学校师生员工在学校的教育教学活动中共同创造活跃的校园生活,陶冶情操、寓教于乐,彰显教育理念、展现时代精神风貌,涵养文化氛围。

"这就是我们回民小学独特的校园文化——有品质、有味道、饱含文化气息,给师生一种赏心悦目、整洁温馨的感觉。"这是德育教导王慧教师在介绍校园文化时用得最多的修饰词,可见回小师生们对其赋予的内涵之深以及期待之切。学校文化是师生浸淫其中、共同成长于其中的沃土和乐园,而环境文化则是有效的载体。因此,校园面积虽然局促,我依然螺蛳壳里做道场,通过对楼、廊、路等精心、合理的布局,给学生多留一些活动空间,希望他们能够在充满着人文气息的校园中,和谐、美好、幸福地学习、生活。

在校园环境创设方面,回民小学的"乐逍遥"创意实践区最为人所津津乐道。不管是师生还是来访者,每个人都会被墙上的画面所深深吸引,因为这里彰显的是学校的特色文化。如茶艺雅苑、科技小问答、学校的茶操、民族宣传栏等内容都会通过墙上多媒体视频滚动播出,学生们只需轻轻动一下手指,所有的民族文化一览无余。

二楼的一年级"零起点"伊甸园走廊堪称我校环境创设的点睛之笔,它充分体现出学生的年龄特点,一道道温馨墙上贴满了学生们的小小心愿,在这里学一学、画一画,孩子们在学习之余尽享童真和美好。

四楼的"博雅书馨苑"则是孩子们的精神家园。这片学生电子阅览区整体色调绿黄交替,充分体现出绿色人文、快乐阅读的理念。学生可以在走廊上,根据自己的爱好,选取"菜单",挑选自己喜爱的电子图书。此外,在走廊的两侧,图书室还会定期安放学生喜欢的各类书籍。走廊大屏幕上,也会不定期地进行好书介绍和分享活动推荐会,让学生在充满绿荫的书香文化中,感受经典。

一条条炫彩走廊,一帧帧主题文化的剪影,文化彰显特色,特色传承文化,两者之间交融互通。回小的每位学子就在这样的环境中幸福、快乐地成长。让我引以自豪的是,这些文化项目的创建都是自下而上、因需而建的,并传承了学校原有的历史文化,成为大受孩子们欢迎的"第二课堂"。生活在回小校园中的每一位师生,无时无刻不在感受着民族文化的熏陶,正所谓"无处不风景,润物细无声"。

2. 节庆文化,寻找民族之魂

回民小学学生的节庆文化有"中国娃过中国节"——"四加一"主题活动。"四"是指"元宵节""端午节""中秋节""重阳节"等中国传统节日,"一"是指回族传统节日——开斋节。学校通过访问民族精英人士、吟诵传统诗歌、到上海城隍庙进行社会实践活动等丰富多彩的活动形式了解、感受民族文化习俗,并探索其发展历史、时代变迁的脉络。

3. 茶香文化,赏品民族之味

"如果要用一个词概括回民小学的茶香文化的话,那就是'融合',充分体现出民族大团结的主旨。"这是我们学校王老师的原话。在新的五年规划三年行动中,我在顶层设计中将茶香文化和节庆文化相融合。"元宵节喝元宝茶,端午节喝碧波金莲茶,中秋节喝金桂玉普,重阳节喝枸菊延年。"我们的教师对此如数家珍,也实实在在地推动着两者的融合。

在课堂中师生共同学、赏、品、论、练、玩、创茶文化与民族文化,将弘扬中华美德和培养改革创新精神相结合,已成为回民小学的常态。为此,我还"突发奇想",创设了特色奖章"民族章"和"茶艺章",以此作为评价载体,提升特色课程、拓展课程的竞技性和趣味性。课堂上,小茶人在泡茶、奉茶、品茶中学礼仪、学交往,深切感受人情之美、茶德之功。课堂外,学生茶事活动包括 iPad 会议、世博会、马来西亚代表团等的交流活动。学校还以家庭为切入口,倡导亲子学泡茶。通过学生教家长"健康饮茶、科学饮茶",提升家长人文素养,增进亲子交流。学校也定期开展"最美小茶人"的评选活动,通过茶文化,促使学生修炼品行、教师修养身心,以此引导学生人格的健康、完满发展。

以上是传统文化建设的三个"触角",与此同时,我也倡导学校文化与课程建设紧密相连。一所好学校留给人最深刻的印象是什么?留给学生最温暖的记忆又是什么?留给教师最久远的回忆又是什么?那就是学校的课程。为此,我注重在课程中融入传统文化,构建以民族教育为核心的校本课程,包括茶艺课程、国学课程等。

回民小学民族课程不但为学生的成长搭平台,学文化、展才艺,更重要的是彰显民族特色,学国粹、树国魂。比如在国学课程中,教师们带领学生们到城隍庙进行各类社会实践活动,如竹笛、古乐、书法的学习与赏鉴;双休日时,到城市少年宫学习皮影、古诗吟唱、中华茶艺坊、武术等;另外,学校也鼓励学生们积极参加各类经典诵读活动,通过古诗吟诵感受文化精华,体会中华文化的博大精深。学校丰富多彩的社会实践活动如磁石般吸引着每一个回民的"中国娃"。他们有的乐于充当"小茶人",游览老茶馆;有的热衷于参加各类民族主题的夏令营活动;有的立志要当"上海通",走遍城隍庙,了解当地风土人情。

这些文化、课程是通过几代回民人的智慧与汗水积累起来的,渗透着浓浓的民族情。回民小学将在传承的基础上进行重新梳理,把点上的内容进行串联和整合,在传承中谋发展。

二、探索发展之路

2016年新学年,结合学校民族教育的特色,我担纲制订了回民小学未来五年发展规划,这一规划的制订给学校的发展带来新的活力,给教师们的专业成长提供了新的空间,给学生的健康成长带来了新的舞台和广为广阔的天空,更为学校的特色发展擘画了新的发展愿景。在这次规划中,我根据领域目标划分出三项重点项目:德育与课程、基础性课程、校园文化;并通过课题引领、项目负责、人员跟进等方式,引领教师们朝着规划发展方向去努力。

作为德育教导,王慧老师是学校项目规划中三大重点项目的负责人之一。在学习贯彻五年发展规划中,王慧老师始终将课程、德育作为两个主要抓手,在课程中挖掘德育内涵,在德育中凸显课程的多元性和丰富性。她倡导在课程中关注评价,在德育中关注反馈。两者互相支撑,作为学校项目规划的有效载体。在很多场合,王慧老师都表示:"认真细读了校长提出的规划中的要领,发现其内涵相当丰富,需要细细推敲、层层推进;只有不断更新教师理念,不断转变教育教学方式,才能更好地把规划细化落实,完成师生们在实践中的完美蜕变,成就不一样的回小学生和教师。"为此,王慧教师将她所负责的课程建设、德育工作这两大板块进行有机结合,力图既凸显规划中倡导的理念,又能将回民小学的德育工作、德育品牌、课程亮点展现出来。为此,我结合学校五年发展规划,指导她制订了其所负责的三大重点项目阶段性发展规划。

第一个阶段是"童心飞扬",从主题上不难看出是以学生为主体来实施的。在这个阶段,项目组重点把握和关注的是"崇智乐学课程"的实施内容及其要求。包括以"崇本国学"为课程目标的争做 "国学小达人"活动;以"快乐半日活动"为舞台的争做"聪慧小达人"活动;以"城市少年宫"为平台的 争做"非遗小达人"活动;以及以"回小优雅十步曲"为基点打造的"礼乐小达人"活动。最终,我们还通过形式多样的评价方式对学生的学习成果予以认定,让学生游弋于课程之间,享受童年的快乐、学习的快乐。

第二个阶段是"童心相映"。与课程相映的是什么?是教师的教学行为。在与教师们的交谈中,我经常勉励他们:只有教师的教学行为发生改变,我们的"民族融乐园"课程实施起来才会更精彩。为此,回民小学教师们精心设计学生喜欢的课程活动,致力于满足学生学习的权利以及多样化的学习需求,他们也在其中收获精彩的学习经历。我们还通过探究类单学科、拓展类多学科以及德育类超学科的统整，以多条路径实现突破与超越。

第三个阶段是"童心闪耀"。在这个阶段，我重点把握和关注的是"崇本融乐系列"的评价反馈。在动态性评价、过程性评价、鼓励性评价中关注评价的过程性、阶段性、个体性。在多元评价方式中体现不同课程类型在知识、能力、情感、态度、思维方法等方面的不同要求以及迥异的关注点。我的心愿是：让学生、教师都成为课程中最闪耀的"回小之星"！

与王慧老师复盘这个阶段性发展计划时，我的体会是：这个项目在实施过程中，整体构建了三大板块的内容架构；但在阶段性实施过程中，都会把三大板块的内容融于其中。虽然三大内容板块在发展阶段上的分布规律并没有那么明显，但其实每个阶段的实施过程都有其不同的侧重点。基于此，不难梳理出三大重点项目分阶段推进的核心主题词，那就是"融合"。从纵向来看：每个阶段中都有不同的侧重点：第一阶段侧重学生、第二阶段侧重教师、第三阶段侧重评价。从横向来看：三大板块内容又都是无痕贯通于其中。因此，我的感悟是在宏大方案（如学校五年发展计划）的具体实施中，应当以学校崇本教育为核心，以学生、教师为半径，通过分板块、分阶段地实施，勾画出回民小学"民族融乐园"未来发展的美好愿景；同时也要随时随地关注跨板块、跨内容的融合。

教育是一场诗意的修行，在与王慧老师的共同"修行"中，我深深感受到，回民小学曾经的德育很有韵，将来的发展还会更有味，深刻彰显独特、包容、融合之风，育人始终在路上。

第四节　融合的内涵

融合或者说整合,是我治理学校的核心思维方式,也是在回民小学推进德育工作的主要实践方式,那么,到底什么是融合呢? 在我看来,融合是开放的心态,融合是统整的思维;融合是传承的发展,融合是学习的深化;融合是理念的创新,融合是联结的互动。而在学校实践中,我们也从各个方面诠释了融合的内涵。

一、融合是开放,在坦诚中分享

教师,尤其是骨干教师是学校变革的能动力量,也是校长落实学校规划的管理层和操作层,从教师的视角来展现融合的要义最合适不过了。机缘巧合,区德育名师工作室也希望挖掘我挂在嘴边的"融合"的丰富含义,为此通过我沟通,是否能对骨干教师们进行访谈。尽管工作非常繁忙,但我校三位教导还是欣然答应、如期赴约,在学校雅致的茶艺拓展区接受了访谈。见证全程的我也收获颇多。

简单介绍一下,三位教导拥有自己分管的领域,他们分别是分管教学的李慧岚教师,分管教育科研的陈艺瑾教师,分管数学及学籍管理的许伟忠教师。这三位教师的到来,让我感受到学校项目规划的空间充满着无限可能性。如前所述,校长主要负责的是勾勒教育愿景、传达教育理念、凝练办学目标与特色、对学校发展计划进行顶层设计;书记则是对崇本文化进行探根寻源;德育教导负责课程设计、实施与评价。那么其他中层干部、骨干教师的角色是什么呢？我似乎没有好好琢磨过。

但通过这次访谈，我发现三位教导都对学校的民族教育、传统文化具有深刻的了解和认识，并且怀有深厚的感情，我也好几次为之动容。从他们的叙述中，我清楚地感受到回小办学理念是如何在教学领域中进行渗透的，而他们一再提到的关键词是开放、分享。正如作为访谈场所的茶艺室，充满茶韵花香，空间布置精致宜人。这也是我校教师们互相切磋、开展专业对话和交流的场地。

置身于这样的环境里，人们不由得就会静下心来，细细聆听，慢慢体会，娓娓分享课堂、学生、课程、教学；深度打磨育人策略，情感与价值观培养路径，乃至如何升华精神品质。融合，意味着不管执教哪个学科，在学校管理结构中处于什么位置，每名回小教师都应当以悦纳、包容的心态去观察、去体会、去分享、去传播。

二、融合是统整，在聚焦中思考

在问及如何看待新的五年规划时，陈艺瑾老师进行了详细阐述："校科研室在工作中以学校新五年发展规划为工作主线，坚持学校龙头课题统整学校工作的思路，全面推进学校的教育科研工作。我觉得对自己分管的科研工作来说，最关键的是要紧跟新五年规划的思路，吃透校长顶层设计的内涵。科研工作要搭建好整体的框架，把学校方方面面的工作串起来。结合校五年规划中的十大领域和三个重点项目，我的想法是以'聚焦课堂有效性，全面提升教学质量'为核心目标，开展教师教科研培训，另外以'提高效能 愉快科研'为宗旨，用科学的方法来研究、解决身边的教育教学问题。力图使科研引领项目发展，在思中做、做中思"。

说得多好啊！学校规划就是要在不同领域切实落地，也需要各个领域的负责人进行聚焦性思考。以规划中的重点工作为锚，全盘统整自己手头千头万绪的工作，才能形成合力、融合推进！

三、融合是突破，在传承中创新

此外，对于融合的要义，陈艺瑾老师还表达了另一个观点，她说："仔细阅读校长提出的学校发展规划，我认识到新一轮'十三五'计划将成为回小'崇本教育'转型发展的新阶段，回民小学的全体教职员工一定会根据新五年规划的思路，把握变革趋势，实现教育进步，求得创新性、突破性、可持续的内涵发展。"我们也很有信心一起把学校办得更有品质、更有文化、更有实力、更有影响力，使之成为上海小学民族教育办学领先、有办学特色的学校。

的确如此，对于回民小学这种民族特色、体量较小的学校而言，变革中求发展才是新的思路，也体现了融合理念中所蕴含的另一个要义——突破性。

四、融合是学习，在思考中落实

而其他两位老师则为我提供了另一个思路，他们分享的核心是：融合是学习，在思考中落实。

"对于学校的五年发展规划，起初，我的概念是模糊的，但经过几轮的理论务虚及探讨，我终于搞清了主要思路和学校发展的目标，顿时感觉任务重大。既然规划和目标已定，那就要扎扎实实逐步落实，注重积累和不断修正，期盼规划总结之年收获丰硕的成果。"许伟忠老师如是说。

许伟忠老师坦诚地表示:"刚开始拿到厚厚的 32 页的规划,有点发憷。但静下心来读完这些内容,发现校长制订的规划非常符合我校的校情、学生的学情,办学理念既有传承又有延伸,很接地气。规划中还确立了未来五年我们学校各方面发展的目标,例如:学校管理、课程建设、课堂教学、教师发展、教育科研等。目标清晰,可操作、可达成、可检测。"因此,许老师认为,融合的过程需要不断深入的学习和思考。

学科教导李慧岚则表示:"吴校长的整合管理模式让我们感觉既有压力又有动力。写完这 5000 字的报告,就我管理的教学这块工作在未来五年中要做的事情就很清晰了。写报告之前,校长几次在校务会议中给我们作了规划的解读,还很细致地找我们每个项目负责人谈话,帮我们找准部门规划的中心点。所以当看到自己的 5000 字报告很惊喜,对今后开展工作也有了底气。"

这也让我意识到:清晰的顶层架构能为中层部门负责人的思考指引明确的方向。而各部门在与校级领导的不断对话、交流中,理解、消化、融合顶层设计的要求,就可以形成切实可行的部门计划。

五、融合是理念,在坚守中发展

当问及校长办学理念中印象最深刻的词是什么时,三位教导异口同声、脱口而出:"适切、快乐和绿色"。他们表示,正是在这一理念的引领下,学校的发展规划一步步深化、细化,从而不断丰富崇本教育的思想内涵。这也体现融合的另一个要义:融合就是坚持以课堂教学为中心,提升课堂教学品质,推动课堂教学的变革和持续改进；并努力构建尊重差异、生动活泼、形式多样的绿色课堂文化，促进儿童个性发展，使他们充满快乐、自信地长大，将来成功驾驭未来生活。

六、融合是互通，在联结中渗透

最后，融合还是德育与学科教学、教学科研之间的互通和联结。对此，许伟忠老师的分享很有代表性，他说："数学学科中的德育渗透比较隐性。我校早在 2006 年已经开始思考两纲教育并且开了现场会，很好地诠释了学科中包含德育的功能与资源。"这让我感受到回民小学对学科德育的一贯重视，也增强了我将德育和学科教学进行统整的信心。

陈艺瑾教师则提到了在科研中关注德育，她说："把教育实验和教学科研纳入学校工作的整体计划，纳入每一个教师的岗位职责，十分有必要。加强教育科研的思想建设、课题建设、队伍建设和制度建设，在课题研究中充分考虑到德育建设，既关注对学生德育的培养，也注重对教师德育的提升。如茶艺课题研究中体现茶礼、茶品；体育课题研究中考虑到武礼、武德等。"

李慧岚老师则对未来的教学与德育的融合充满信心，她的感言是："教育与教学是紧密相连的，我们分工不分家。就拿学生的养成教育来说，既包含学生行为习惯的养成，又有学生学习习惯的培养。学生良好品行对学习有很大的促进作用。"

在我看来，融合是一种交流，交流生发智慧，智慧促进融合。融合是接纳、理解，不选择、不拒收少数民族学生，是为了让每一个儿童都有接受教育的权利。融合是一种传承与发展的交融。融合是各民族文化的共融。融合是学科间互相的融通。融合是海纳百川、融合是民族团结、融合是你中有我、融合是彼此信任……期待着回民小学因融合而不断发展，遇见更美好的未来。

【卷尾语】

"崇本教育"的根扎得如此之深，是因为回小人传承坚守，不忘初心。

"崇本教育"的叶长得如此之盛，是因为回小人视野独特，与时俱进。

"崇本教育"的花开得如此之艳，是因为回小人文化深邃，彰显特色。

"崇本教育"的果结得如此之硕，是因为回小人融合智慧，采集精华。

第三章　落实落细固"崇本"

【卷首语】

　　回民小学一直致力于让每一个孩子都受到适切的教育,为每一个孩子插上助飞的翅膀,让各民族不一样的儿童一样快乐地成长、快乐地成才。在全体回小人的使命的背后,是学校通过各种途径将发展规划在各个层面进行落实和落细;并将规划的科学合理运行作为促进教师专业发展的助推剂,作为课程优化升级的催化剂,以此影响到教师的每一次教育教学行为,影响到学生每一天的成长。

第一节　准确定位,规划蓝图观照"崇本"

一、锚定办学目标,激发教育信念

　　来到回民小学后,我提出了"让回小成为学生心中具有温暖记忆的家门口的好学校"的办学目标。这个目标具有很强的适切性,既体现了学校发展清晰的定位,又强调了每名学生内心的真实感受,凸显了办学的以人为本。同时,为了实现这样的目标,我在办学理念的顶层设计上又辅之以两方面强有力的支撑:一是回小要让每个孩子得到适切的教育,插上助飞的翅膀;二是回小要让各民族不一样的儿童得到一样的快乐,获得一样的成长。正是有这样"接地气"的办学目标和理念引领,激发了广大回小教师朴实的教育追求。

经过学习研究和实地调研,我还形成了如下教育信念:为了让每一个儿童都享有接受教育的权利,对少数民族学生不选择、不拒收;并且回小还要培养每一个学生一生受用的核心素养。因为回民小学的教育就是为了每名学生健康快乐成长,更好地选择自己的人生,使每个回民学子成长为国家的栋梁之材。

二、细化育人理念,追求"人人发展"

从前文可知,回民小学的育人目标定位准确、不游离、不偏离。在培养学生的核心素养方面,学校坚持"不拒绝,不选择",坚持将阳光播洒到每一个学子的身上,让每个学生获得最适合的教育,从而找准自己的发展方向,得到适合自己的发展载体和平台。为此,回小的教师们面对生源现状不抱怨、不埋怨,而是仔细分析每个学生智能的优势项和劣势项,找到他们的"最近发展区"。

此外,回民小学始终坚持以"崇本"教育作为育人目标实现的支撑,让每一个孩子受到自然、绿色、适切的教育,是回小教育的本源,也是学校崇本教育的宗旨。为此,回小确立了学校的使命,即"为每一个孩子提供适切的教育"。

从现状来看,回小的学生来自五湖四海,为了帮助他们适应上海国际大都市的生活节奏,打造"具有都市视野、适应未来生活能力的不一样的我",学校倾力打造德育课程,涵养学生品格、提高他们的生活能力。课程建设中,骨干教师们紧紧围绕学校总体发展规划,对民族教育传承中华传统文化框架下人类核心美德的养成教育进行理论研究;并形成反映不同年级和学生年龄特征的、循序渐进的道德教育目标和内容;此外,教师们还整合课程体系,开展德育实践活动,强化学生角色体验,全面构建新型"参与·体验·感悟"德育模式。

三、落实民族政策,培育文化认同

作为一所民族教育特色学校,回民小学肩负着落实国家民族政策、维护民族团结的重任。为此,学校不满足于只是落实政策、招收民族学生,而是确立了更高层次的追求,即实现从"民族茶艺"教学特色到"崇本国学系列"项目特色再到"以崇本教育为核心"的特色学校的转型。

同时,学校也以崇本教育作为民族教育的主要抓手,不断丰富崇本教育的文化内涵:坚持以民族教育为特色,探寻中华传统文化的本源;本着"让各民族不一样的儿童一样成才"的办学理念,以"丰富学校民族教育的文化内涵"为己任,打造与时俱进的当代民族学校。

以崇本教育为根基,我期待回民小学能在社会变革的时代背景下求得创新性、突破性、可持续性的发展;更期望亲手将学校办得更有品质、更有文化、更有实力、更有影响力,使之成为上海小学中引领民族教育风气之先的、兼具底蕴与时代特色的优质学校。

第二节 有效落实，发展路径凸显"崇本"

一、崇学校发展之本，助力个人发展

无论何种方式的教师专业发展，学校都是其发生与进行的主要场所。因此，我认为，基于学校的实际问题，从学校的具体情境出发，在操作层面上构建教师专业发展的模式，对教师职业发展来说更具有现实意义和实践价值。也就是说，学校作为教师运用其专业技能的真实场域，可以为他们的专业发展提供适切的情境；而也只有在学校的整体规划框架中，教师个人专业发展的效果和价值才能得以凸显并强化。为此，我们必须从两个方面进行组织规划。

一方面，学校管理者必须努力创设一个教师专业成长所需的环境，这个环境不仅能有效调动教师的工作热情，提高他们教学创造的意识和能力，还能为教师提供专业成长、专业发展的强劲动力。为此，我和学校的领导班子一起，通过各种途径将"崇本"的教育理念在全体教职员工中进行普及，并通过各个层面的会议进行学校发展规划草案的讨论和审议，使回民小学的广大教师对"崇本"的认同度以及对学校规划的认可度不断提高，从而营造"崇本"的教育改革环境。

另一方面，学校广大教师在学习理解"崇本"教育理念，参与制订学校规划的过程中，也明确了"做崇本教师"的目标：在学校"让回小成为学生心中具有温暖记忆的家门口的好学校"的办学目标下,做一名"让学生拥有温暖的学习经历,助推学生健康成长"的"崇本"教师。在学校以"让每一个孩子受到自然、绿色、适切的教育"的崇本教育理念的指引下,广大教师也积极投身实践,打造丰富多彩的"崇本"课堂,体现出对学生主体的尊重,并从学生实际出发,创设丰富的学习体验和社会实践环境,为每个人提供适切的教育。

在我看来,教师专业发展目标源于学校整体发展定位,这两者结合无疑会使个人的发展搭上学校整体发展的快车,从而使前进的动力呈几何倍数增长。从这个意义上来说,教师个人的专业发展与学校整体的发展是息息相关甚至互为表里的。

二、循学校发展之迹,优化教师专业发展

正如上文所述,教师个人的专业发展应当始终嵌合在学校顶层设计的整体发展规划之中,才能"通过大我实现小我"。虽然学校作为松散耦合的组织,并非每个部门的目标都是一致的,但从实际情况来看,在很大程度上,教师个人发展的质量和效率取决于其是否遵循学校整体发展的轨迹,是否站在了学校应时而变的"风口"。

回民小学基于"崇本"教育理念、务实的工作作风、朴实的教师特质及踏实的学校风气,营造出了和谐、健康、向上的当代大都市中心城区的小学教育生态。这种教育生态源自"崇本"理念下对学生的"不拒绝,不选择",并由此惠及教师群体,期望学校的发展成果让每一位教师分享,让每个教师都能找到自己的发展方向,获得最适合的专业发展资源,得到适合自己的发展载体和平台。为此,

学校将规划中涉及教师专业发展的内容落实为具体的、可操作性的行动。

实践过程中，我们层层示范，传递学校发展的价值理念和精神追求。在我的倡导下，从校长、书记开始，经由中层管理者，回民小学的领导层最终将对教育事业的崇高追求传递至一线教师。更值得一提的是，在回民小学，是由校级领导带头主持科研工作的，他们领衔课程开发和课题项目，并将教工大会、党员学习、教研活动精心打造成一次次"学术旅行"，为学校带来了浓浓"书卷气"和学习研究共同体的新风。

中层干部则根据分管条线的工作，将学校综改项目细化为具体的实践子项目，带领教师们如火如荼地开展研究。广大教师在参与课题研究、课程开发、项目推进的过程中，在开设公开课、论坛交流的情境中，找到了自己事业的"增长点"，特别是他们感到了被需要、被尊重，增强了对学校文化的认同感，从内心深处觉得自己是学校发展的重要一环。

我们还搭建多样化平台，满足教师个性化的专业发展需求。回民小学根据自身的师资结构特点，分析优、劣势，打造了符合不同特点的教师的专业能力可持续发展平台。学校以评选校级"特色教师""教学能手""教学新秀"为契机，面向全体教师，尤其是其中的中青年教师，开设年度教学论坛研讨活动，挖掘教师们的教学风格和教育特长，激活他们的发展内驱力。此外，学校还启动了面向青年教师开展的"青蓝"工程，不但升级了"师徒带教"模式，还将带教导师的工作量和工作成效纳入绩效考核的范畴；并邀请区教研员对青年教师进行专项指导。其成果丰硕可喜,三年来,我校每年都有教师进入"萌芽杯"复赛并获奖。同时,学校还会根据每位教师的"个性",为其提供专业发展的"绿色通道"。如我就曾推荐一名青年教师参加市级的教科研骨干培训,另外将一名具有教育评价学科背景的新晋教师纳入学校龙头课题组,深度参与研究。

总之,我们基于校情搭建为了教师、教师担纲、教师主导的专业化发展平台,极大激活了大部分教师的专业发展需求。同时,良性竞争的压力也在传递,促使一部分陷入职业倦怠期的教师开始"觉醒"。这正是我希望看到的局面:只有教师们人人有为、学校才能大有可为。

第三节　充分细化,教育实践升华"崇本"

一、"崇本"理念塑造"学生喜欢"的教育模式

学校的整体规划和办学理念虽然属于"上层建筑"的范畴,但它也为学校整体发展提供了实实在在的动力,助推着其中每一个个体的发展,并在"方向"和"动力"两个维度上发挥着独特的积极作用。

"做学生喜爱的教师,办家长满意的学校",一直是广大黄浦教师贯彻区域层面"办人民满意的教育"思想的具体实践。在回民小学,这一教育思想被具象为"崇本"的教育理念。在这一框架下,回民小学的教师也将自己的工作重心落实在了关注学生需求、突出

学生主体地位等方面。他们的终极追求就是打造一种让学生感到被关心、被关注、被爱的全新教育模式。

为了深化"学生喜欢的教育模式"的内涵,我与学校领导层一起,组织全体教师学习研读日本教育专家佐藤学的著作《学校的挑战——创建学习共同体》。诚如我所愿,许多教师都在有意识地改善自己的教育、教学行为,一场静悄悄的"学习革命"正在回小校园里发生。我举几个典型的例子来进行阐述。

案例1 "不标准的答案"促进日臻完美的教学设计

曹怡老师的风格是这样的:在以往的课堂教学中,每当提出问题后,如果学生回答的正是她想要的答案时,她总会不自觉地舒一口气,或会心地微笑一下;而当学生回答的不是自己想要的答案时,她就会想方设法地引导学生回答出自己预设的答案。曹老师对"标准答案"的执着弄得师生双方都苦不堪言。

通过参与学校开展的以"佐藤学教育思想"为主题的理论研修活动,她尝试着调整了自己的教学策略,很快尝到了甜头。对此,曹怡自己的感悟是:"每个班级都会有那么几个所谓的'差生',他们往往在课堂上、在试卷上无法得出标准的正确答案,这些学生常常让我们感到头疼。好多教师不得不耐下性子对他们反反复复讲同一道题,但是很多遍之后,这些学生仍然可能一头雾水。其实,这时候,我们不妨冷静下来想一想:学生原本就是有差距的,何必强求他完成不可能完成的任务呢? 对照佐藤学的教育思想,对待这部分学生,其实我们可以放低要求、放慢速度,只要求他完成力所能及的学习内容就可以了。哪怕他不能达到合格标准,我们也要学会悦纳'非标准孩子'。教学工作是一项长期、复杂、见效慢、要求高的知识工作,提高学生学习的成果需要我们思考更多、接纳更多,也创造更多!"

正如佐藤学所言:"在这些学习行为中,不确定的思考或表现与那些确定的思考和表现具有同等重要的意义。"

案例2 平等带来"真的喜欢"

曹慧玲老师在阅读《学校的挑战——创建学习共同体》一书之后,明白了这样一个道理:当一个学生对某一个知识点不理解的时候,他寻求帮助的对象往往不是班级中的优秀学生,而更可能是和他差不多水平的同伴。似乎违反常识,但诧异之余,曹老师也认识到了在学校原来推行的"一帮一"活动中,双方一开始就处于不平等的现状,而真正和谐的合作都是建立在平等、信任的基础上的。有鉴于此,在之后的教育教学中,曹老师一直努力为学生营造彼此信赖与合作、多元文化共存的学习氛围。面对后进生,她也耐心地对他们做出引导,由他们提出问题,其他学生自然而然地解答,再提问、再解答,甚至采用问题相互交叉的"交响乐式"结构,摒弃了过去那种单纯意义上的帮助与被帮助的不平等关系。

曹老师坦诚,佐藤学所倡导的"合作学习"与自己过去的认识有很大不同。在此,可引用《学校的挑战——创建学习共同体》的一个场景,来阐明合作学习中平等互补和相互尊重的原则:"课堂里沉默寡言的高志与英语学习能力极度低下的幸子,在合作学习的课堂上偶然相遇。幸子期待能够以自己的力量来支撑有着沉默寡言弱点的高志;高志为了回报幸子的一番好意,轻声细语地回应幸子的问话;再加上同组另外两位女生的支持,构成课堂内一道赏心悦目的风景。"

案例3　真实的自主＝真正的主体

"为了使课堂气氛活跃,有些教师想方设法,运用各类媒体、游戏或表演,搞得课堂就像是舞台,教师和学生仿佛是舞台上的演员或主持人,热闹非凡。还有时,在我们的课堂中,学生争先恐后地积极发言,课堂气氛看似热闹,其实是有些教师为了让学生准确回答问题,课前有所暗示甚至提前排练才达成的效果,课堂成为表演的舞台,学生成为一个个发言的机器。想想看,在这样的课堂上,学生能学到什么? 他们只不过是课堂中的一个个傀儡,与学习主体实在不相干。"以上这段感悟来自回民小学的袁培华老师。

正是在研读佐藤学的教育著作后,袁老师开始认真反思自己的课堂教学,聚焦点在于如何才能体现学生的自主性和主体性,并在其后自己的实际工作中进行了实践。袁老师坚持引导学生们多说多听,并在密切交流中了解他们的兴趣和爱好,在每一步制作活动中挖掘他们的想法。如此一来,学生就得以在教师的帮助和同学的支持下,实现他们独自一人无法完成的学习,最终呈现出自己所希望的作品和成果。曹老师认为,在这样的课堂上,学生才能真正自主地学,才能高效达成学习目标。

二、"崇本"理念落实教师发展

我的经验是,在落实教学理念、具体化学校发展规划的过程中,尤其是如何使得校长的办学思想引领每一个教师个体教育教学风格的养成上,往往需要多个变量的中介作用。具体体现在,校长教育理念指引着学校整体规划的有效运行,这个运行过程对团体内教师个体起到带动和辐射作用。而在回民小学,我就将科研工作作为"带动"和"辐射"的抓手,不断发挥其积极的作用。"十三五"期间,回民小学将融合教育的研究继续向深层次推进,不断引入国内外优秀的教育理念,夯实了我的教育思想,继而优化了教师的教育行为,以及学校的文化内涵。

校长的新愿景

从我的角度来看,我在回民小学亲手创建了学习共同体,将"对话"的精神传递给教师,使他们在教学中更具有"对话"的意识。无论是学校团队建设、文化创建的学习共同体,还是教师和学生、学生和学生之间的学习共同体,我认为,都要满足以下三种需要:在与客观世界的交往和对话中满足师生的"能力需要(need for competence)";在与他人的交往和对话中满足师生的"关系需要(need for relatedness)";在与自身的交往和对话中满足师生的"自主需要(need for autonomy)"。师生的这三种需求又和学习共同体的三个要素(公共性、民主主义、卓越性)相互交织,共同支撑起"学生有学习权,教师成为专家"学习共同体式学校的创建。转型为这样的理想学校,我们回民小学不是不可能!

在《学校的挑战——创建学习共同体》中,佐藤学就激励学校成为"学习共同体",激励师生成为志同道合的伙伴。教师对之阅读、品鉴,就像在生命中挂起一盏灯。我坚信:好书不会寂寞,氤氲人文,补给养料,改变思维,交换思想,塑造话语,提升群体。我也鼓励回民小学的教师们与我一起,共同静心悦读,点燃心中明灯,做一个不断学习、持续发展、深受学生、家长和同事喜欢的好老师!缔造学习共同体,我们永远在路上!

书记的新期待

从方茵书记的角度,她也产生了颇多感悟。学习佐藤学专著,促使她重新思考本校的"融合教育"。她认为,佐藤学强调的是合作学习关系中的沟通。沟通从了解学生个体开始,为其创设沟通环境,进而合作、共同探索问题解决途径以及学习的方法策略,直至"适切""快乐""融合"。

在方书记看来,回民小学基于"合作学习"的融合教育可以提炼出三个研究焦点:一是全纳教育。在校的所有学生,无论他们是何种民族,也无论他们的宗教信仰如何,都应当享有合作学习的权利。为此,学校开设的课程应当面向所有儿童,并根据他们自身的特点、需要进行个性化定制。二是融合教育下的合作学习策略,每个学生都应当成为合作的"主人"。也就是说,都可以是合作学习的创造者,而非被动合作者。三是融合教育过程中的沟通合作能力培养。可以是生生合作、师生合作,也可以是学生与家长合作、学生与社会人士合作等。

教师的新技能

再从一个普通教师——潘敏的视角来予以透视。如何把体育课上成"育体"课?如何让实、活、乐在体育课堂中真正得到体现?如何让学生在体育课上学会倾听?这是每个体育教师应当着力思考的问题,也成为潘老师研读佐藤学著作之后新的研究方向。

潘老师给出的方案是:利用多模态教学资源、多元化教学手段,调动学生的学习兴趣,促使孩子学会倾听、并产生好奇感。比如,每学期的第一节室内课,可以结合体育影片、录像等资源,介绍、讲解古今中外的体育趣闻、体育的起源与发展,让学生观看扣人心弦的体育赛事,引导他们思考体育锻炼的意义和目的。也可以向学生介绍本校学生参加各级比赛获得的荣誉,并展示比赛时的照片和获得的奖杯奖状以增强学生的集体荣誉感,激发他们体育的热情。如果碰到活泼好动、上课"没规矩"的学生,应当积极创造吸引他们注意力的课堂,促使他们聚焦于活动,同时学习交流与合作,并能静下心来认真倾听。

多么灵敏的教育洞察力!只有学会倾听彼此,教师才能知道学生需要什么,课堂实施才有针对性;只有学会倾听课程内容,我们的教育才具有系统性和科学性,才能培养出有用的复合型人才;只有学会倾听制度的声音,我们的教育才能跟上时代的步伐,走在时代的前列。

诚如潘老师带给我的启示,教育工作者在课堂中不应当简单追求教学技术,而是倾听的艺术。

三、师生齐心聚力焕发"崇本"光彩

想象一下,教师个体的专业发展如果脱离了全体教职工共同努力的大情境,那结果会怎么样?我可以很有把握地预测:不管教师个人多么努力,都无法真正地呈现出效果。在回民小学,我就运用这样从宏观到微观的思路,反复叩问自己:宏观层面的学校教育理念如何落实到微观层面的教师在具体教育教学中表现出的行为呢?其中少不了一个重要的传导环节,那就是中观层面的中层干部。可喜的是,我在回小培养出了一支肯吃苦、敢担当、能落实的强有力的中层队伍。

传导者之一：青年教师的伯乐陈艺瑾

在我看来，年轻教师的成长状况是一所学校发展动力的风向标，学校发展动力足，则教师专业发展驱动力强劲；学校停滞不前，教师也不思进取、裹足不前。结合学校办学理念的落实，以及学习共同体打造的任务，我让陈艺瑾老师主要负责智悦课堂教学节的教学比武、基本功比赛等环节，力图以赛事激活年轻教师，促使他们迅速成长起来。除此之外，陈老师还负责回小"青蓝计划"的实施和日常管理。陈老师将这两项工作干得有声有色，不久，青蓝工程就积累了一些成果，年轻教师在教学、科研研究上也取得了一些成绩。朝着这个思路走下去，学校在师资队伍建设，尤其是青年教师培养上所能取得的成绩是可以预见的。由此，我也经常对陈老师表达欣慰之情：幸亏我当初慧眼识珠，将你这个青年教师的伯乐挑了出来！

陈老师也深有感触，她说："年轻教师成长的面貌一定程度上折射出回小的特色。作为年长的教师，我们要在其中起到很好的带领、引领的作用，谢谢校长的赏识和重用。也希望我们一起将选拔、培养青年教师的工作坚持下去、不断优化，将回小打造为年轻教师成长的摇篮！"

传导者之二：倾听、助力语文教学的李慧岚

我经常与老师们分享的一段与"倾听"有关的论述，是对中国古人发明的聪明的"聪"字进行的说明。我会引述说："我们看'聪'字，左边的耳朵占了一大半，右边依次是两个耳朵、一个口、最后是心。意味着'聪'是用耳朵听、用眼睛看、用口说、用心体会，其中'耳'占去大半，由此可见'听'的重要性。"

言传身教、耳濡目染之下,李慧岚老师也很受启发。作为学校负责语文教学的教导,李老师孜孜不倦,通过教研组、备课组、教工大会向教师宣讲"倾听"在课堂教学中的作用。不仅如此,她还带领语文教师梳理出了在小学语文课程总目标和三个学段教学目标中关于"听"的目标要求:能认真听别人讲话;在交谈中能认真倾听,领会要点;听他人说话认真耐心,能抓住要点,并能简要转述。

对照此标准反观我们的日常教学,会发现教师们往往只关注自己的教学进度,而忽略学生的发言;或者只希望学生的发言能够顺着自己的教学思路,不然,就"粗暴"地打断。事实上,倾听学生的发言,玩味其话外之音,发掘有价值的发言、并与他们积极对话,引导学生进行深入探讨,这才是语文课堂教学中应该做的。正如《静悄悄的革命》中所言:"在教室的交流中,倾听永远比发言更加重要。"

【卷尾语】

崇本,早已作为一种精神,在回小校园生根开花;崇本,作为一种文化,已经幻化为一股无形的力量推动学校的发展和教师的成长;崇本,作为一种理念,其核心要义也已在学校各项教育教学工作中得以落实,并由此影响到教师个体对每一节课的教学设计,每一次与学生和家长的交流,以及每一次主题活动的策划。

"崇本"二字的落实和落细,正是一种无形力量的显性彰显!

第四章　德润童心耀"崇本"

【卷首语】

如果一个孩子生活在鼓励中，他就学会了自信。

如果一个孩子生活在表扬中，他就学会了感激。

如果一个孩子生活在认可中，他就学会了自爱。

如果一个孩子生活在承认中，他就学会了要有一个目标。

——摘自《学习的革命》

名噪一时的东街，近年频频出现在《新闻联播》中，而且往往配着这样的解说词"周围环境脏乱差、拆除违章建筑、联合整治、还路于民……"这里是老城厢，这里是上海人口密集的居住区，这里生活着最平凡的群体，这里还有一所有着80余年历史的小学——回民小学。

回民小学的学生大多是周边租借房子的外来务工人员的子女，还有一部分少数民族人士的孩子。我接手时，学校共有347名学生，少数民族学生有34人，占学校总人数的10%（近年来最高曾达20%），涉及七个少数民族。尽管这些学生几乎没经历学前教育，多为农民工子弟，但我认为，这样的学生也有翅膀，他们照样可以飞翔。毕竟,少数民族也是我们民族大家庭的一分子,他们的子女应当和其他民族的同龄人一样快乐成长。为此,我们以德育(品格与社会情感能力培养)统辖课程、教学与评价,力图以核心素养导向的教与学赋能每一名回小学子,使他们既能享受今天阳光下的美好童年,又能在未来的智能社会游刃有余。

第一节 阳光 照进学生的心田

一、"阳光小屋"中的小故事

当问回民小学的孩子们,"你们最喜欢学校的哪个地方?"他们都会不约而同地回答:"阳光小屋!"

"阳光小屋"是什么?我先卖个关子。记得有一次,我也走进了"阳光小屋",一眼就看到我校的心理教师沈茜与一个小女孩席地而坐。女孩看到我进来,眼帘抬了抬,随后头垂得更低了。沈老师也看到我了,于是亲切地对小女孩说:"快,跟校长问好呀!"女孩却紧闭着双唇。我马上说:"没关系,你们继续。"

于是沈老师与女孩继续玩沙盘游戏,时而窃窃私语说些什么。约莫15分钟后,沈老师宣布:"好了,今天先到这里吧,你该回去上课了,再见!"女孩依依不舍地站了起来,战战兢兢地说了句:"老师再见!""再见!""小林,你进步了!"我与沈老师的声音几乎同时响起。只见那女孩犹如受惊的小兔般,转瞬跑得无影无踪了。问过沈老师,我才知道,这个女孩是个三年级的学生,刚入学时她极其内向,从不和任何人交流。无奈之下,班主任把她送进了这间"阳光小屋"。在沈老师的耐心疏导之下,孩子略有改善,如今每个中午,她都会主动走进"阳光小屋",与沈老师说说话。听到此处,我终于明白了我而言司空见惯的那一声"老师再见"为什么会赢来沈老师的热烈回应。

瞧,"阳光小屋"恰如其名,隔断了外面瑟瑟的寒风,而让一束束教育的阳光照进来,它好似一只只灵动的彩蝶,轻悄悄飞入了那些问题孩子的心田。

沈老师还跟我说起另一个例子。一个名叫园园的女孩,12岁,文静乖巧,性格内向,不愿意与人相处,说话细小无力,行动缓慢,身体略有缺陷,眼睛不敢正视前方。老师、同学和她说话时,园园总是畏畏缩缩,像是自己做了坏事一样害怕。上课时,她也总是默默无闻,学习成绩也不是很好。

于是,沈老师把她请进了"阳光小屋",在小屋内分享着园园的苦与乐、悲与欢。在多次谈心沟通后,针对她的情况,沈老师提出了多管齐下的辅导方案:与家长通力合作、师生配合、积极创设表现自我。经过近几个月的努力,功夫不负有心人,大家终于看到园园的成长以及精神状态质的飞跃:园园脸上经常露出甜美的笑容,目光也神采奕奕,身形挺拔,动作矫健。当园园作为一名光荣的升旗手站在领操台上,沈老师激动不已,情不自禁地为她鼓掌。

"阳光小屋"是回民小学近几年的心理教育特色项目,由我指定德育教导领衔两名心理专职教师共同承担主要工作。这几名教师还定期开展心理教育课程,如"相约星期二"、周四的"健康教育"、五年级女生生理变化辅导课等。

二、特别的爱给特别的你

我们学校学生的背景比较复杂，生活习惯、品行意志、学习能力等千差万别，因此，我常常对老师说，要学会观察、倾听和对话，而不要轻易否定和评价。果然，有教师发现，有些学生看见自己喜欢的东西就悄悄拿走。因为我打"预防针"在前，老师并没有大发雷霆或兴师问罪，而是与偷"拿"他人东西的孩子私下交谈，发现他们的内心是很单纯的，自己喜欢的东西想拿就拿了，并没有过多道德上的考虑。于是，老师们也就淡定处理，循循善诱，耐心引导，以戒不当行为。

林老师班中就有这样一位女生——心心。当问她"为什么要偷拿别人的东西，是妈妈不给你买吗?"她的回答很让人吃惊:"妈妈给我买，但用别人的东西，我心里特别舒服、开心。"老师再问"知不知道这样做不对"时，她的回答是:"知道，但控制不了自己，看见了就想拿。"但再问到"害怕吗"时，心心禁不住哭了:"怕，怕极了!"小女孩的心里，竟有这么多不为人知的痛苦与矛盾。

碰到这样"特殊"的敏感孩子，林老师及时与家长取得联系，从改善父母与孩子的紧张关系出发，与家长共同努力打开孩子的心结。此后，林老师还多次与孩子进行沟通，教给她一种心理战术:以后再控制不住自己时，就把它当成一次考验，看看能不能战胜自己，顺利过关;每战胜自己一次，就在心里表扬自己一次。后来，林老师还特意在班队会上为心心创造了一次与同学沟通的机会，帮助她逐渐走出心灵的阴影地带。

在配合心理咨询的过程中，心心也有几次反复的现象。但值得欣慰的是,在孩子又犯错误的时候,老师们并没有责备孩子,他们给予她理解和信任,给她不断鼓劲加油。随着戒断期一次次加长,心心对自己也越来越有信心。

关注学生的精神世界,是塑造时代新人的基础。让教育的阳光照亮学生的心田,让每个孩子健康成长,享受教育的公平,是每个回小教师永恒不变的追求。

第二节 课程 因学生而精彩

一、多元文化融合的创新课程

回民小学是上海为数不多的专招少数民族学生的小学,为此,我工作计划中明确提出了:"学校始终坚持学生发展为本的教育信念,不选择、不拒收少数民族学生。"

在我看来,"家"这个概念在回民小学很有深意。一个个孩子来自一个个不同的家庭,若干个家庭形成家族,这些家族又代表了他们所在的民族。而当所有人汇聚在一起时,我们又共同组成了中华民族这一大家庭。从小的家到大的家,核心要素就是相互理解、信任、支持和融合。因此,学校开设了"国学班",课程内容很多,有竹笛、打鼓、书法、茶艺等,孩子们可以根据自己的兴趣特长选择参加不同的班。

小海是一个回族小朋友,他的家乡在美丽的青海高原。刚来上海不久,只会说家乡话的他想要尽快融入上海这个大都市,但简直是困难重重。不会说汉语不仅让他无法与周围的同学交流,还影响了他的学习,特别是语文学科。别说写文章了,就是让他连贯地说一句话,也成了无法越过的鸿沟。渐渐地,活泼好动的小海变得沉默了,他不和班级里的任何一个同学交流,更不愿意参加班级里的任何学习活动。每每上课,他总是无精打采,一会儿趴在桌子上,一会儿看看窗外,一会儿又拿起笔玩得不亦乐乎……他就像一棵失去阳光雨露的小树,正在慢慢地凋零。老师们看在眼里,急在心里,可又不知道从何处下手来改变这个状况,因为语言的学习不是一朝一夕的事情。

一次偶然的机会,袁老师发现在茶艺课上,小海居然没有打哈欠,而是目不转睛地看着教师的每一个动作,在练习时,他又练得特别专心。下课后,袁老师把小海叫到身边,问道:"这节课你怎么上得这么认真?"小海看了看老师说:"茶艺课上老师说的话比较少,示范的动作比较多,我就听得懂。而且,茶艺老师说过,如果我们学得好,就可以进茶艺队,到时外出表演上了电视,我就把它录下来,寄给在老家的妈妈看,让她看看我在上海有多出息!"看着他满是憧憬的小脸,袁老师被感动了,她虽然知道即使进了茶艺队也不一定能上电视,但她愿意为小海的改变撒这个善意的谎言。

于是,袁老师摸着小海的头说:"这倒是真的,以后你成为茶艺队的一员后,上电视的机会可多了,到那时你妈妈一定会以你为荣的。"可随后,袁老师又开始泼小海冷水了:"可是,你汉语说得不好,茶艺队是不收的,你想,到时候你怎么跟嘉宾介绍你泡的茶呀!"小海这下傻眼了,老师立马趁热打铁,"只要你想学,老师教你,相信你一定能学好。"

就这样，课堂上，每每说到重点的地方，袁老师就会放慢语速，用眼神注视着小海；课间休息时，袁老师又鼓励班级里的小干部多与小海交流；放学后，袁老师的办公桌旁会多一个小板凳，为小海"开小灶"……

像小海这样的学生，在回民小学并不少见，他们大都来自少数民族聚集的地区，有的来自云南，有的来自青海，还有的来自新疆，这些孩子学习的最大障碍就是语言不通。在学校里，他们由于语言的原因，在学习上往往是困难重重；回到家里，家人与他们讲的又都是家乡话，使得他们缺少学习语言的环境。久而久之，他们的学习越来越落后，有的甚至自己放弃自己，出现了厌学的情绪。

小海也正是由于语言的障碍，而不愿意在上海读书，情愿回到他熟悉的老家——青海，和自己喜爱的妈妈在一起。就算学茶艺，一开始也是为了让远在家乡的妈妈能通过电视看见自己。虽然这样的想法是那么的幼稚，可渐渐地，他爱上了茶艺这门学科。如今，他学习茶艺不仅仅是因为进茶艺队能上电视，更多的是发自内心的喜爱。而对茶艺的喜爱也成为他学好其他学科的动力，这棵差点凋零的小树，在茶艺这门学科的熏陶下，正变得越来越挺拔。

为了让少数民族的学生更好地融入上海的生活，回民小学还经常举办"城市寻访"活动，如走访老上海、看看大世界等。此外，我也在学校开设了"学讲上海话"海派课程，将上海历史、弄堂游戏、童谣、生活场景一并纳入进来。在这些课上，有孩子把从学校沪语课上学到的知识与父母分享，还让家长学着听说吴侬软语。

同时，我还在学校组建了一支家长志愿者队伍，其中有相当一部分还是少数民族家长代表。每到开斋节,这些家长们会组织学生去清真寺参观、了解少数民族的文化。将民族教育特色与不同的课程无缝融合,体现在回民小学的各个细节之中。

经过一段时间的体验,回小家长们也一致认可了这些融合课程的价值,他们认为,这些别出心裁的创新课程寓教于乐,有利于孩子在多民族环境中成长,更有利于丰富他们的认知,拓宽他们的视野,建立友善、平等的人际关系。

二、《礼乐小茶人》校本课程

"茶文化"一直是回小特有的传统文化教育,近几年,学校还着手开发了《礼乐小茶人》校本课程。《礼乐小茶人》是在学校德育市级课题引领下,在原有特色校本茶艺课程基础上核心素养导向的延伸与提质,不仅学习内容进行了重新设计,还通过艺术整合的方式配上了原创的茶谣及其相匹配的茶操,期待学生在多感官并用的具身学习中真正领悟中华茶文化博大精深的内涵。"礼""乐"两字出于论语,在原词的含义下,引申为"我行礼,我快乐"。《礼乐小茶人》茶谣的文本内容将12个社会主义核心价值观词语中的"文明""和谐""诚信""友善"等内容巧妙地嵌合在诗句中。朗朗上口的茶谣配以形象圆润的茶操习演,5年精心培育,以求启蒙养正。《礼乐小茶人》使得学生得以多维度感悟、体验社会主义核心价值观的内涵;通过每日吟诵茶谣和习演茶操,学生的日常行为上升为习惯,久而久之内化于心而彰显于行;通过进入课堂(茶艺课教学)、进入校园(每日晨练)、进入课外(社会实践),全员参与、全面铺开,日积月累、厚积造就学养。

于是,我们看到了这样一幅风景:晨晖下的回小校园里,幽静舒缓的中国古典音乐声中,孩子们朗朗诵读茶谣,童声悠扬流畅,动作柔缓自然。茶谣开篇语"先把心放平,再把身放正",意在引导学子先在心、后在身。"细啜且慢品,感受人情美。用心泡好茶,衷心表敬意!"则巧妙地将"文明""和谐""诚信""友善"等价值观融入其中。

这样的风景每天早晨在回民小学的校园中上演。茶谣、茶操巧妙地与回小学子的行为规范相融合,每日三分钟,日积月累,社会主义核心价值观就这样"润物细无声"地融入于学生日常的校园生活之中。习惯是第二天性,基于德育行为养成教育的理论基础,我要求茶操的习演每日进行。我国著名教育家陶行知先生曾说过:"播种行为,就收获习惯;播种习惯,就收获性格;播种性格,就收获命运。"这一育人哲理道出了培养行为习惯的重要性。

雅致的茶艺室中,回小学子们用娴熟的动作表演着茶操——"用心泡好茶,衷心表敬意"。一招一式中,演绎对父母的感恩之情。随后,孩子和家长一起冲泡、品饮这杯"感恩茶"。请学生时刻关注家人的生活、情感,在合适的机会为家人泡杯茶,这是"以茶表敬意",这是"文明""和谐""民主"的主旋律在家庭教育中的回响。

庄严的文庙前,回小新雅乐吟诵班的学生现场表演了《声律启蒙》节目,通过吟唱、诵读,把中华传统文化的"礼""孝"表达出来;"小茶人"一招一式的茶操舞动,奉茶活动和"小书法家"的"百善融合书法秀"的现场作品展示,受到现场嘉宾的好评如潮。

在一次次演练、展示、打磨、优化的基础上,教师们协同研究,按内在的知识逻辑与情感发展线索将学习活动及相关教学策略、教学资源整理成系列《礼乐小茶人》特色课程,成为回民小学闪亮的学校"名片"。

唐代刘贞亮曾提炼"茶德":以茶利礼仁、以茶表敬意、以茶可雅志、以茶可行道等,茶德之功由此可见一斑。回民小学以学生发展为本,以国家课程实施为基础,突破单一的学科局限,建立跨学科形式的综合课,开发校本课程,努力提高学生的综合素养。正如前文茶艺课程所示,我校学生的学习以实践、体验为主要方式,在尊重儿童身心发展规律、了解学生认知能力的基础之上,对学校资源、社会资源进行有机整合,创设学生知识与技能运用的真实情境。学生的学习效果也不是只通过标准化考试,而是通过生活能力的形成、情感态度的养成反映出来,以多元素养评价方式促进他们认知、能力的螺旋式上升。

第三节 课堂 为学生而改变

一、关注差异,"行之有效"

一直以来,我都跟老师们反反复复强调:"我们的孩子的的确确是零起点,但他们都很质朴,我们的课堂教育必须提供适切的教育,必须符合学校的办学理念,符合学校的生源现状。"为什么要关注差异、适切教育呢?我举个例子来说明。

这是发生在品社课中的一幕:瞿老师按照品社课的要求布置了做电脑小报的作业,但看到孩子们茫然的神情,她猛然想起,班级中大部分的孩子家中并没有电脑。于是瞿老师立马纠正道："刚刚老师说错了，这次的小报制作我们以小组合作的方式完成，可以剪剪贴贴画画，稍后老师会给大家一张小学合作学习的任务分配表……"

两周后的品社课上，孩子们带着自己的小报站上了讲台。瞧，快乐小队的《垃圾分类小报》以剪贴为主，虽没有电脑制作高大上的"炫技"，却不失童趣童真；环保小组合理分配学习任务，擅长绘画的小青担当绘画、书写，能说会道的晓晓负责介绍，性格内向的小欣负责找资料；QQ小队在双休日集中到了有电脑的同学家，在同学父亲的协助下，制作了一份精致的电脑小报，展示时赢得了同学们的赞叹……

再来看另外的一幕幕场景：自然课上，刘老师分给每个小组一盆植物，让孩子们仔细观察，并记录植物的生长变化；体育课上，老师将"快乐运动"的教育理念渗透到了家庭中，鼓励家长和孩子一起参与到体育活动中，增进了亲子的情感联结，也使家长更好地了解到校园生活；茶艺调和课上，每组学生带着自己的课题，共同探究、相互交流、相互启发。

在这样尊重差异性的自主、合作探究性学习中，老师们的亲身感受是：孩子们的动手操作能力、交际能力都有了提升。在老师不断的鼓励下，不同基础、不同志趣、不同家庭的回小学子，都找到了属于自己的自信，成就着不一样的精彩。

二、激发兴趣，培养习惯

在一年级的学习准备期中，语文老师们围绕学科学习兴趣的培养和学习习惯的养成展开讨论,并设计了相应的学习内容和学习活动。在回小,我们注重习惯的养成,是为了让学生掌握终身学习的方法。我们也关注师生之间、生生之间的情感交流,是为了让学生的学习充满幸福感。

于是,我们将第一周的主题设定为"学会听",要求学生认真听老师说话,不随意打断,并能积极配合老师的教导;专心听同学的发言,能初步判断正确与否,并能做恰当的纠正或适当的补充;逐步养成边听边记的习惯。

第二周的主题设定为"学会读",要求学生能认读字词、指读课文,口齿清楚、声音响亮、不拖调。

第三周的主题设定为"学会说",要求学生发言先举手,表达时口齿清楚、声音响亮,回答问题合理、完整,积极思考,主动表达自己的想法。

第四周的主题设定为"学会写",要求学生掌握正确的握笔姿势和写字姿势,书写规范、字迹端正、簿本整洁。

我亲眼见证了老师们足足用了一个月的时间,巧用儿歌、示范引导、树立榜样、鼓励为主,反复抓、抓反复,致力于培养学生良好的学习习惯以及终身受用的学习方法。

为了符合一年级学生学习的年龄特点,老师们还在课堂上创设了一个个学生感兴趣的游戏情境,唤起他们的主体意识,激活学生的思维,引发他们的主动探索。如在教学生生字这个教学环节。有的老师采用了"开火车""滚雪球""邮递员送信""一字开花""叫号游戏"等多种游戏化学习的方式,力图让学生在玩中学,在学中玩,寓教育于生动活泼的教学活动之中。

我经常跟回小的老师们说："课堂,作为师生活动的主场所,交汇的是知识、生命、社会、成长经验等多种资源,它承担的是帮助学生积蓄生活能力的责任。"所以,回小的老师们也开始转变传统的教学观念,也在尝试着探索全新的课堂样态。以学生为本,课堂就会成为最具魅力的场所,引领学生不断追求新的兴趣点,展望新的知识视界。当课堂上,教师们关注到了学生的差异,并为之量身定做、提供行之有效的方法,就会帮助更多的学生走向成功。当教师的眼中真正有了学生,课堂就会演绎生命成长的喜悦。

第四节　评价　让学生体验成功

一、多元评价重塑学习生态

为了提高学生的综合素质,我在工作计划中将核心素养划分为一个个适切的德育目标,并尝试着改变原先单一的评价模式。在学校的教研会议上,我一直强调:"原先的评价模式具有一定的指向性,这个学生只要学习好,就感觉样样都好,这样的评价模式束缚了孩子的发展,就等于是对孩子美好天性的扼杀。我们如果注重学生的综合素质,就应该把眼光放在方方面面上。"

受我影响,低年级教师们开始在期末考试中改变单一笔试的模式,代之以综合活动的形式开展:美丽的夜空中写有字、词语、笔画的拼音,孩子们手拿"星星"(星星上印有对应的字、词语、笔画),将其对应地贴在夜空,形成一幅壮观的星空;广阔的森林里,孩子们采摘几个蘑菇,动动脑、连词成句;丰收的果园里,孩子们自选喜欢的水果卡片,根据卡片上的篇目背背古诗;再来当当那能说会道的"小八哥",围绕主题说两到三句流利通顺的话。

就是在这样轻松愉悦的氛围中,教师们分别从拼音、识字、诵读、口语交际等多方面完成了语文学科对孩子们的综合评价,既创设了有利于学生学习的情境,又很好地激发了他们学习的热情。每完成一项还可获得一个卡通章,集齐所有卡通章的学生可以领取一份小礼品,并获得"学习小达人"的称号。回小的教师们就是这样,通过情境创设下的多元评价促进学生的发展,充分发挥他们的潜能、个性、创造性,使每一个学生都具有自信心以及持续发展的能力。

二、"情感"评价塑造学生品格

当评价具有了生动的载体,就可以激励孩子不同程度地进步;当评价改变了内容,加入了兴趣、习惯等,就可以更好地凸显其在教育反思中的价值;当评价注入了情感、品格等元素,教育就变得更实在,回归到它的"崇本"之源。

主题谈话课上,教师的一个拥抱,一声击掌,这样的及时评价动作,都是在给予孩子肯定,促使他们成就不一样的自己。日常教育教学中,回小的教师们更是紧扣"以人为本",强调评价对象的转变和发展,力图帮助孩子们做最好的自己。

来自大山的穿青人女孩倩倩,是个胆怯、缺乏自信、很容易让大家忽略的学生。下课时,她总是独自一人坐在位子上。上课了,当别的同学踊跃发言时,她还是默默地坐在位子上。班主任施老师不止一次地找她谈心,可总是收获甚微。后来,偶然的机会,施老师发现,这个女孩的偶像是教茶艺的方老师,她希望自己也能像她那样优雅。于是,施老师主动与茶艺老师联系,希望她能协助自己改变这个来自大山的女孩。于是,两位老师组队,先从鼓励孩子主动参加班级茶艺小组长的竞选,再以进入学校茶艺队为"诱饵",让倩倩不断克服自己内心的自卑,逐渐建立自信。在期末的评语中,施老师还送给倩倩这样一句话:"你就像一朵小小的山茶花,散发着淡淡的幽香。"

多美丽的比喻,多温馨的评语,哪个女孩不受感动呢?斗转星移,在回民小学学习环境的滋养下,倩倩学得比谁都认真。一次又一次失败,但她一次又一次地重新尝试,直到每个动作都规范为止。她真的如愿入选了学校的新月茶艺队,并有了外出演出的机会,虽然还没有成为"主泡",但她已经成长起来了,内心对自己也认可了。孩子认为,自己就像教师说的那样,是"一朵不起眼的山茶花",它虽没有玫瑰的芬芳,没有牡丹的华贵,然而,这朵来自大山的山茶花,却有着独特的一抹红色。

中秋节那天,倩倩急急忙忙回到家,要给爸爸妈妈一个惊喜,那就是用茶艺课上学会的"中秋茶",为上海团圆的一家人庆祝佳节。看着如此懂事的女儿,父母的眼眶湿润了……

倩倩是回民小学致力于培养"幸福的民族娃"的一个缩影,我希望在学校教育的方方面面都做到民族大融合。在每年举办的"亲子茶会"活动中,回小的孩子们俨然当上了"茶专家",用课堂上学到的茶道,为父母们耐心讲解;且极富仪式感,规范、整齐地起立、双手奉茶。很多次,我都深刻感觉到,家长们在接过茶杯的那一刻,不仅看到了孩子品德的修为和成长,更将他们当成了茶艺"小老师",并用心地跟着孩子们学习。这不仅给予了学生成长的自信,还帮助他们收获了成长的喜悦。

【卷尾语】

　　回民小学的学子来自不同民族,他们的基础亦参差不齐。当问到学生:"你将来想做什么"时,他们的答案五花八门:有想当工程师的,有想做校长的,还有想继承父母拉面店的。而当问道:"你觉得你会实现自己的梦想吗"时,回小学子的答案却是相同的:"能,只要我努力了,我就会成功!"

　　这就是回小的学子,"自信朴实,勤劳能干",既是开学典礼上我对回小孩子的寄语,也是回小教师们希冀他们能养成的品质。孩子们也在教师引领的回小校园中,逐渐成长为兼具"民族情怀、都市视野,自信朴实,勤劳能干"的学习者。

　　今天,学校周边的环境焕然一新,道路两旁种下了绿色的行道树。回民小学亦在遵循着教育回归本源的教育宗旨,让每一个孩子受到自然、绿色、适切的教育。正如我经常说的:"我们的学生也有翅膀,他们照样可以飞翔。"是呀,回小的教师们正用教育的慧眼,寻找回小学子身上"隐形的翅膀",将他们托举飞起。他们也用教育的艺术,引导回小学子"扇动翅膀",飞出美丽的成长轨迹,让他们成就不一样的我。这就是回小独特的育人价值观。

下　篇

第五章　整合思维构"融乐"

第一节　服务时代、植根实践的问题

一、触摸时代跳动脉搏

2013 年 11 月,《中共中央关于全面深化改革若干重大问题的决定》中对文化传承教育虽然只有短短的一句话"完善中华优秀传统文化教育",却言简意赅、一语中的。其后,中共中央办公厅又在其印发的《关于培育和践行社会主义核心价值观的意见》中指出:"不断完善中华优秀传统文化教育,形成爱学习、爱劳动、爱祖国活动的有效形式和长效机制,努力培养德智体美全面发展的社会主义建设和接班人。"这就更进一步强调了完善文化传承的重要性。

恰逢新一轮国家"十三五"规划和《上海市中长期教育改革和发展规划纲要》启动之际,回民小学崇本教育转型发展也到达新的阶段。即将到来的崭新五年,整个回民小学都在准备着把握变革趋势、勇立时代潮头、描绘梦想蓝图、实现教育进步。我作为校长,也期待在社会变革的时代背景下,将回小的崇本教育推到新的高度,求得创新性、突破性、可持续的内涵性发展,把学校办得更有品质、更有文化、更有实力、更有影响力,使之成为上海小学民族教育领域理念先进、特色彰显的学校。

但作为区内唯一一所民族学校,在发展和前行的过程中,我们不能原地踏步,不能仅仅停留在原有的基础上。回民小学的未来发展、民族文化的传承创新,亟需破茧而出的勇气和开拓创新的精神。正值"十三五"规划实施之际,置身于核心素养导向教育改革的大背景之下,我决心以行动研究引领回民小学的变革,促使学校千锤百炼,磨砺出自己的"文化特色"和"特色文化"。我认为,只有当这两种文化互相交融之时,学校的民族文化、特色传承才会具有生命的张力。为此,我在学校民族文化教育优质资源的基础上,提炼多年来学校在民族教育实践中积累的宝贵经验,结合当下的时代背景,进一步深化和推进学校的课程建设,丰富崇本校园的文化建设。

二、把握区域教改主线

早在"十二五"区域发展规划中,黄浦教育就基于"打造海派文化精品教育"的发展定位,遵循教育教学规律和学生成长规律,提出"办学生喜欢的学校"的教育理念和办学目标。回民小学当时的校领导积极参加区域开展的"办学生喜欢的学校"的行动研究,建立并实施"学情调研—教育改进"机制,探索"让学生喜欢课程、喜欢教师、喜欢课堂和环境"的课程教学改革途径,关注学生健康快乐成长,落实"以学生发展为本"的教育理念。将"办人民满意的教育,办学生喜欢的学校"作为根本追求。

在这一区域教育改革的背景下,亲自参与过相关项目的回小人都深切认识到,教育改革是一个系统工程,不是一朝一夕就能完成的;而且,它需要一个突破口,《办学生喜欢的学校(让教育回归本原的探索)》就是以"学生喜欢"这个核心问题作为突破口进行的一次有益的探索。

有鉴于此,我决定在对学校现状进行分析、研究的基础上启动新的课程改革征程。首先考虑的是生源结构问题,随着大上海的开放,外来少数民族学生日益增多,回民小学就是一张体现"少数民族含量"的晴雨表。目前,学校学生共来自 11 个少数民族,所占比例位于全市三所民族学校之首。在语言、生活习惯、风俗习惯上,这些少数民族学生与上海本地、汉族生源存在很大差异。其次,从目前的情况来看,教师年龄偏老龄化,其中很多人还存在职业倦怠,创新能力、专业素养和工作动机有待提高。

这就是我所面对的回民小学的现状,如何在原有基础上打造具有民族文化特色以及温暖记忆的学校?如何让学生、教师在文化的传承中对学校产生更深的归属感和依恋感?如何在民族文化的积淀中,激活教师们的创新悟性和工作灵性?苏霍姆林斯基曾说过:"学校,只有当它成为孩子过愉快而有趣的生活并努力求取知识和钻研科学的园地时,才能成为教育基地。"那回民小学的"教育基地"在哪里?十多年的教育管理经验告诉我,就在学生喜欢的课程中。在我看来,课程就是一块丰富的土壤,伴随学生发展、教师发展、学校发展,最终成为学校办学愿景中最美的样态。

为了验证研判的正确性及其与师生、家长的契合度,我在确立学校变革的具体课题之前,广泛听取各方意见,在学生中进行广泛调研,与教师进行充分交谈,也在家长中进行意见征询。通过这种自上而下、自下而上观点、视角的激烈碰撞和相互作用,最终确立了《民族融乐课程开发实践研究》这一课题,并力求通过课题研究的设计与实施,为转型中的回民小学赋予全新的生机和活力。

三、叩问学校价值追求

办学生喜欢的学校、打造区域新优质学校,这是回民小学在民族教育发展中的价值追求。在我看来,学校应当遵循教育规律、尊重儿童天性、关注生命价值,在此之中逐步形成自己的特色,这是学校崇本教育的终极价值取向。而且,学校要生存、要发展,就必须正视现代社会对人才的需求,大胆创新、锐意进取、可持续发展,才能锤炼出具有自身特色的教育模式,去适应多元化社会的高阶需求。多年以来,回民小学特色鲜明,坚持民族教育特色,并深入融合民族教育、实施少儿民族茶艺拓展性课程的实践研究。值得欣喜的是,少儿茶艺民族教育实践的成功,激励着学校继续谋求更高层次的发展。发展至今,回民小学少儿茶艺特色课程已经在市里拥有了一定的知名度,学校也因此被评为"上海市少儿茶艺特色学校",还被区教研员列为区内以茶艺为特色拓展型学科的实验基地。

在回小的校园中,活跃着一群可爱的"小茶人",在多年的茶艺课程实践中,师生们在市区各项比赛中均载誉而归。但我也清醒地认识到,在为本校师生自豪的同时,必须将目光放得更远,所谓"风物长宜放眼量",茶艺课程学习不能仅仅成为部分学生的兴趣活动,类似于"加餐"或"甜点"。我们的视野必须更宽广,体会到基础教育必须面向全体学生；我们的目光必须更精准,学校的民族教育特色不能仅仅体现在茶文化兴趣活动之中,而应该贯穿于学校的整体课程架构之中。

为此,学校《民族融乐课程开发与实践研究》就是要让每一个回小学子置身于课程文化的滋养中,以崇尚学生发展为本的信念,教给每一个学生一生有用的核心素养,我们的教育是为了每一个学生健康快乐成长,更好地选择自己人生,使每一个回民学子成为国家有用之才。为此,学校从已有少儿茶艺走向规范的课程建设,从课程建设走向更远的"民族融乐课程"。

第二节　行动导向的民族融乐课程研究

一、研究背景

有位哲人曾说过,一个人对社会的贡献并不完全取决于其拥有的知识量的多少；一个民族的未来走势关键看其是否拥有一种独特的国民精神、一种博大精深且充满活力的文化。这句话深刻地表明了独特的精神和文化在民族的生存和发展中所起到的重要作用。

其实,大到一个国家、一个民族,小到一所学校甚至一个个体,道理都是相通的。对于一所民族教育特色的小学来说,学校的文化、学校的品质十分重要,是学校宝贵的社会资本和文化资本,不仅贯穿于学校发展的整个过程中,更引领学校未来的变革与进步。

黄浦区回民小学自创办以来,凭借着民族文化教育特色、崇本教育理念和思想赢得了社会和同行的广泛认同。但仅有这些是不够的,随着新"十三五"发展规划的实施,课程建设的步伐加快,又恰逢学校处在转型发展阶段,打造特色精品课程、开辟教育改革新路径的时代任务也迫在眉睫。

面对机遇与挑战并存的新时代课题,我带领全体回小人进入深度思考和宏观谋划期:"民族融乐课程"如何建设?课程建设的意义又在哪里?价值追求是什么?中心任务和主要路径是什么?

1. 追求多元,成就不一样的回小学子

现代教育理论主张多元,对此,我的理解是:为学生创造多元选择的空间,就是赋予学生个性发展的空间,就是要搭建最终能达到培养目标的四通八达的"立交桥",以及适合每一个学生不同速度、不同学术发展水平的进步阶梯。

基于上述理解,我决心以"民族融乐课程"为主要载体,悉心培养回民学子健全的人格、强健的体格、充实的精神、创新的思维、优秀的品行以及良好的行为习惯、自我学习的能力、合作交往的能力,最终成为具有创造未来幸福生活综合素养的21世纪人才。我也期待回民小学的每一个孩子都成为具有民族情怀、都市视野,并且自信朴实、勤劳能干、自带回民小学气质的终身学习者和未来建设者。一言以蔽之:崇本教育是为学生的未来生活而做准备的教育,代表着全体教职工为成就不一样的回小学子而做出的努力。

2. 点亮课程,成就不一样的文化特色

学校的发展是在特色中求生存。在崇本教育理念引领下,回民小学的"民族融乐课程"着眼于学生的实际需求,致力于挖掘本校的潜力与优势,聚焦于课程统整的实践研究,力争让学校的文化出色、出彩、出圈。

为此,学校通过"民族融乐课程"丰富学校崇本教育内涵,打造具有回民小学特色的优秀文化。坚守中华传统文化的本源,本着"让各民族不一样的儿童一样成才"的办学理念,以"丰富回民小学民族教育的文化内涵"为己任,我致力于在学校营造丰富、多元、适切的文化。一方面赋予回民小学的民族教育"崇本、厚德、乐学、健体、和谐"深刻而丰富的文化内涵;另一方面,对学校文化进行精准定位和积极宣扬,促使崇本教育所凝练的价值观念、育人态度、人文修养、情感内涵、教育品位等得到社会、家长、师生的高度认同。

二、研究目标

1. 将文化特色融入新时代育人理念的研究目标

《民族融乐课程开发与实践研究》基于回民小学民族教育特色及其丰厚的民族文化内涵,将学校"民族情、中国心、世界眼"的办学理念进一步融入"民族融乐"校本特色课程的开发中,将"成就不一样的我"的育人价值观浸润在校本特色课程的实践中,力图在"跨文化(民族融合)、跨学科(课程统整)"的拓展型和探究型课程的开发与实践上有所突破。

同时,在课程设计、课程实施和课程评价中进一步探索民族教育特色校本课程的开发设计、运行模式、实施路径和评价策略。以传承中华优秀传统文化,丰富学校的发展内涵,提升教师的专业素养,促进各民族学生的和谐共处,让他们快乐健康地成长。

2. 相关核心概念界定

本研究中包含一些核心概念，包括民族、融、融合、融乐、民族融乐课程等，为了方便理解、沟通与交流，必须对前述概念进行界定。

所谓"民族"，指的是在文化、语言、历史或宗教方面与其他人群在客观上有所区分的一群人。所谓"融"，对其理解可分为两个不同的层面，即"融合"与"融乐"。所谓"融合"，就是融解、融入、调和、和洽等。"民族融合"倡导各民族之间物质文化（如饮食、衣着、住宅、生产工具等）和精神文化（语言、文学、科学、艺术、哲学、宗教、风俗、节日和传统等）的深度融合，也指教育中以学生喜闻乐见的方式呈现相关的核心概念，最终促进各民族文化的大融合。在此过程中，学校教职工要做的就是将"民族融合"视为对师生的终极人文关怀。

所谓"融乐"，包含"融合""快乐"的双重含义。具体来说，一是指民族文化与课程内容之间的渗透；二是多元文化的互相融合、互相促进。在教育实践中弘扬民族精神，构建符合回民小学学生需求的民族融乐课程，既有利于学生多元文化素养的提升，也能促进各民族学生的相互交流和快乐成长，更有利于民族精神的薪火相传。

而作为题眼的"民族融乐课程"则是指在民族融合教育哲学思想的指导下，根据学校自身民族教育的特点，充分利用周边社区的学习资源，由学校管理人员、教师、学生共同参与，自主选择、合力编制具有明显民族文化特征的拓展探究类课程，旨在促进各民族儿童快乐学习、相互交融。

三、研究内容

1. 民族融乐课程开发与实践的现状调查

计划先对现有校本课程的状况进行调研分析,并对茶艺课程为代表的特色课程进行优劣势、育人成效的深度剖析,同时通过调查问卷了解学生对校本课程、特色课程的态度和期待。搜集教师课程设计的案例,进行分析,以了解他们课程开发的能力,并从中寻找问题、挖掘亮点,为系统开发校本特色课程奠定现实基础。

2. 民族融乐校本特色课程的顶层架构

计划从如下五个方面对民族融乐校本特色课程进行顶层设计:贯彻学校办学理念、构建特色课程体系;基于学校办学目标、凝练特色课程目标;盘整特色课程资源、架构特色课程内容;提炼特色课程开发原则、探索课程实施策略;提倡课程多元评价、创新特色评价方式。

3. 民族融乐课程的实施路径与策略

计划围绕"民族融乐特色课程实施路径"开展行动研究:以"茶韵飘香"微课程系列为起点,延伸和开发更多相关子课程。并通过梳理、整合、完善,形成具有回民小学独特文化品质的"民族融乐"课程,以此带动学校、学生、教师同步发展,最终成就不一样的学校、不一样的学生和不一样的老师,并归纳出主要路径。民族融乐特色课程实施策略研究,预计从"德育无痕浸润""校园文化浸润"等角度深入研究,提炼核心策略与实践。

4. 民族融乐课程的评价与保障

计划以"民族融乐课程的评价"为主题开展行动研究,探索"五爱五会"民族娃评价细则,形成校本特色评价框架;同时,推动民族融乐课程采用多元化评价方式,最终为课程预设目标的达成度提供依据和保障。

回民小学还计划为民族融乐课程提供保障:组织保障方面,成立"民族融乐"课程领导小组,全面负责研究的组织、管理和实施;师资保障方面,为教师开设相应的专业发展活动,实施相关培训课程,建立相应的奖励机制;资源保障方面,充分挖掘在地文化资源,助力学校特色课程建设。

四、研究过程

1. 研究方法

文献研究法:聚焦民族教育,通过查阅、研读与本研究课题相关的文献、期刊资料,汇总、提炼前人的成果,并进行深度剖析。排除相关性小的资料,筛选出有价值、值得借鉴的民族教育方面的文献资料,进行整合,以辅助课题研究。

调查问卷法:设计调查问卷,对本校学生及参与课程建设的教师发放问卷,并结合访谈的方法了解学生特点、需求、课程效果等。通过回收问卷,对问卷进行统计分析,为课题后续开展提供依据。

行动研究法:针对教育活动和教育实践中的情况,在行动研究中不断地探索、改进和解决传统项目课程开发与实施中的问题。将行动与研究工作相结合,建立科学、适切的课程开发与实施方案。

案例分析法:努力挖掘整个课程实施中民族特色典型、经典课程的案例,对其进行分析,从个性当中找出共性,为本项目顺利开发与实施积累最为有利的一手材料,为后续的成果汇总做好经验总结。

2. 研究过程

准备阶段(2017 年 9 月—2018 年 3 月)

在准备阶段,我们将成立课题组,查阅资料、把握研究动态;设计研究方案;构建并发放调查问卷;统整民族融乐课程资源并凝练特色课程理念;构建研究的顶层架构,对特色课程的内容、目标、原则、推进规划进行整体设计。此外,这个阶段,我还将督促项目核心成员加强理论研究。通过文献搜集、查阅与研读了解国内外研究基础、把握研究动态,并形成课题的理论框架、完成课题顶层架构。

简而言之,先进行现状分析并统整学校课程资源,再对特色课程的优劣势、发展趋势、问题与挑战逐个进行分析,并基于对现有校本课程开设状况调研的结果精准厘定问题,设计研究方案,为系统开发校本特色课程奠定基础。并在教师、学生中开展问卷调查,以获取"我喜欢的课程""学生课程学习情况""教师课程开发的现状"等信息;最后在对学校现有以少数民族茶艺特色为代表的特色课程进行调查的基础上,继续盘活原有课程资源。

实施阶段(2018 年 5 月—2019 年 12 月)

这个阶段,我们的聚焦点包括:"民族融乐"课程的开发实施;进一步丰富课程内容;对民族融乐特色课程实施效果进行评估,形成特色课程评价策略与框架。在实施过程中,适时反思、讨论和小结,及时解决实施中产生的问题,并推动新的发展阶段。在复盘、优化、排除"故障"、进阶发展的过程中,不断积累、完善相关案例与资料。重点实施和推进"民族融乐"框架下的"融系列""乐系列"两类课程。首先,力争形成一定的特色和亮点,带动更多特色课程同步发展。其次,在课程的研究过程中,还将不断修正、完善实践中的不足,为总结阶段提供丰富的成果和经验。

总结阶段(2020 年 1 月—2020 年 12 月)

整理各阶段成果和资料,汇编特色教材、进行课题总结,并进行成果推广。该阶段的任务主要包括:构建系统的、相对完整的"民族融乐"课程体系:收集、整理课程开发相关内容的活动设计、案例、课堂实录;汇总教师的研究论文、经验总结、教学随笔、个案资料等。如《成就不一样的我》教师论坛上的学生课程活动心语集、"民族融乐"课程实践案例或小故事、"民族融乐"课程展示等。另外,还要在前期研究的基础上,整理汇总研究成果,完成课题总结报告及研究案例等其他研究成果。总结、提炼民族融乐课程的实施路径、策略,形成《民族融乐课程开发和实践研究课题》研究报告。

五、总体构思

基于中国知网数据库(中国期刊全文数据库、中国重要报纸全文数据库、中国重要会议全文数据库、中国优秀硕士博士学位论文全文数据库),以文献"题名"为检索项,分别以"民族教育""特色课程"为主题检索词,时间跨度从 2000 年至今,检索到的相关文献具体分布情况为:关于特色课程建设的文献较为丰富,而以民族教育为切入点的特色课程建设相关文献仅有 10 余篇。以同样的关键词搜集到的书籍如《西北民族地区校本课程研究》《维吾尔族民俗与义化生态研究》《特色课程开发的 7 项核心技术》《特色课程 8 问》等数部著作。

　　通过对以上文献的梳理,我带领课题组从特色课程、民族教育特色课程建设两个层面,综合国内外研究做出梳理、分析和评述。

　　1. 研究文献梳理

　　特色课程的界定。除了一般的校本课程开发理论之外,在汉族集中区的民族学校开展特色校本课程开发的研究很少,多是在民族地区开展校本课程开发的研究,当然,这些文献对本研究也有很好的借鉴意义。以下就分校本课程开发的理论研究,以及对民族文化背景下的校本课程开发两个层面进行阐述。

　　目前学界对"特色课程"概念没有权威界定,本研究对相关定义稍作梳理,有以下几个典型观点。

　　北京教育科学院黄晓玲指出:特色课程是学校在一定办学思想指导下和办学实践中逐步创建的具有一定特征和影响力的课程。对于当前普通学校而言,它既可以是一门课程,也可以是一类课程或一个课程群、一个课程领域;既包括对国家课程的改进,也可指一些地方课程和学校的校本课程。

　　黄浦区教育学院邢至晖提出:特色课程是指以学生特需为核心,有独特的课程理念、目标、内容实施与评价方式的课程。一般地说,特色课程包括三个层面:从宏观上而言,特色课程即学校独特的课程模式;从中观上说,特色课程即学科领域的课程集群;从微观上说,特色课程即有特点的校本课程。

　　综观上述特色课程之定义,各有侧重,总体上都阐述了特色课程的目标、类别、形态。

特色课程研究的多样视角。国内很多学者站在不同的视角对特色课程进行研究，主要体现了各异的思维方式以及整体和局部两个不同的研究视角。

石鹤从特色课程开发研究的角度，阐明了特色课程的定义，并指出特色课程包括三大类：一是学校自己创造性开发的课程；二是学校对各种课程的特色化实施，即课程的特色；三是学校整个课程结构和实施方案的特色组合方案。在此基础上，他还系统地阐述了高中特色课程开发的意义和策略。

王建、吴永军则从特色课程建设所面临的问题着手，指出特色课程建设不可回避的几个问题，包括：特色课程开设的目的为何？高中特色课程属于三级课程的哪一类？高中特色课程究竟应"特"在何处？高中特色课程实施应关注哪些问题？并提出了解决问题的对策，即明确特色课程目标、类别和特性；改革高考评价制度，为高中特色课程建设提供良性土壤；建立整体化课程体系，完善学生发展指导制度。

徐士强从高中特色课程模式入手，研究了上海市普通高中特色课程建设情况，提出高中特色课程的三种模式：直通道式（学校选择某一科目为特色建设重点科目，其他子科目都必须围绕它）、金字塔式（依据年级高低，特色课程内容结构不断变窄，形如金字塔）、植入式（从无到有，学校另辟蹊径在原有高中课程计划内植入的某一类课程）。并进一步提出特色课程领域与建设模式之间的匹配问题，特色课程如何从形式上突破现有的拓展、研究型课程的问题，以及特色课程实施对象的全体与部分学生相结合的问题。

特色课程的开发策略。石鸣基于其对特色课程类型的研究，将现阶段高中特色课程开发的策略概括为:稳妥开发特色课程门类,积极倡导特色课程实施,大力创新特色课程结构方案。这三大策略正好对应他的特色课程三大分类。

何永红认为创建特色课程一是要在课程规划和课程实施中决策和生成特色课程;同时还要综合利用多类资源提升课程发展的速度。袁再旺则明确表明特色课程要从学校优势出发,着力点放在学生素质结构的优化上,同时要调动教师和学生参与课程开发的积极性,使特色课程规范化、弹性化。

国内特色课程研究呈现多角度、内容丰富的生态,且在特色课程内容应该涉及学生个性发展需求及学校办学特色,特色课程性质、特点上多有共识。但在合理利用地域资源及特色课程评价问题上研究还显得不足。下文整理呈现本研究的另一个主题词——民族文化校本课程开发的相关研究。

在民族教育背景下的课程研究,主要是有关民族地区中小学校本课程开发的研究,以当地的民族文化为主要开发内容,特别关注了校本课程资源的价值选择、民族地区校本课程开发的价值取向、校本课程开发的模式建构和校本课程开发的评价理论。

关于民族文化中的课程资源。国内有关民族文化中课程资源的研究主要集中在课程资源的开发与利用上,包括其概念的研究、民族文化课程资源的分类、民族文化课程资源的开发原则等。

有研究者对民族文化中课程资源的分类进行了详细的阐述。他们把民族文化课程资源放到学科领域的框架中来划分,主要包括社会、历史、地理、自然、语文、音乐、舞蹈、美术、科学等(李定仁、马正学,2006);也有研究者采用了二分法,把文化课程资源分为物质与非物质两大类,并再进行进一步的分类,这种分类方式是有明确界限的(朱贺琴,2015)。

关于民族文化课程资源的价值选择。一些学者围绕是不是要开发当地的民族文化作为校本课程资源展开了探讨。在这个问题上的回答大多是肯定的,"通过开发各种民族文化资源,弥补国家课程忽视非主流文化、边缘文化的不足"(李定仁,2006)。

关于课程内容的遴选方面,有学者认为,民族地区校本课程内容的选择要具有多元性、开放性、科学性、针对性、真实性,体现出中华民族文化的博大属性,使各少数民族文化都能在教育教学活动中得到展现(赵翔宇,2014)。

还有学者从课程理论的角度提出论述,指出民族文化资源有没有价值需要经过三次筛选,即教育哲学的筛选、学习理论的筛选和教学理论的筛选。其中,教育哲学的筛选是指选定的民族文化资源要对实现教育的理想和办学宗旨有帮助,反映社会需求和进步方向;学习理论的筛选是指选择的内容要符合学生的需求,以及身心发展规律,并与学生学习的内部条件相一致;教学理论的筛选是指所选的内容不要超过教师的能力范围,要与教师的教育教学修养相适应(马金秋,2008)。在此基础上,吴刚平教授提出课程资源筛选的两个原则:优先性原则和适应性原则。优先性原则是指选择突出重点的内容,适应性原则是指必须考虑学生和教师的情况,以适合他们现有的水平。这样的三次筛选和两个原则都可以成为课程资源价值判断的重要依据。

关于民族地区校本课程开发模式的研究。一些研究者对校本课程开发的模式进行了讨论,一般而言,他们都遵循课程开发的基本流程:课程目标的确定、课程内容选择与组织、课程的实施、课程的评价。其中对本研究有帮助的是李定仁的校本课程开发模式架构和张潍纤的校本课程开发模式架构。

李定仁等学者主张:在校本课程开发中,其目标必须体现出多元性、复合型;校本课程开发要根据情境的变化而变化;内容的组织必须体现开放性,充分关注自然、社会和学生经验,围绕学生与自然、学生与社会、学生与自我的关系三条线索来开展;在校本课程的实施上要树立自主选择、乐于参与教学的教学理念,使学生与教师共同成长与发展;在校本课程评价上要体现多元评价理念,即多元评价主体、多元评价对象、多元评价方法。

张潍纤的研究提倡课程目标的多元性,认为课程目标应该根据不同的民族地区教育情境而不断变化,它是持续生成的、动态的、开放的;另外,他也认为课程内容应当生活化,课程实施要注重师生的共同参与。

以上两种架构模式都强调了目标的重要性,从学生的角度出发来筛选课程内容,课程开展中要注重民族地区多元文化的背景;并认为必须改善评价制度,实施过程中还要注重多元群体的参与,包括老师、学生、专家、社会大众等。

2.研究文献分析

与本研究相关的研究中外皆有。国外关于校本课程的研究,与民族文化视角下的校本课程开发直接对应的概念很少,只有一些学者的研究涉及少数族群课程的话题,与民族文化下的校本课程相类似,因此国外研究就从这个角度来论述。

相比于国内开展的特色课程建设,国外的研究资料则相对较少。如国内学者王帅在研究基于政府政策的英国特色学校发展中,曾提到英国特色学校计划表现形式上由侧重单一的特色课程建设发展到深入所有课程领域,并进一步延伸到管理架构优化、学校文化改善,再到倡导学校之间、学校与企业、学校与社区的合作发展,说明英国特色学校正在由单一特色课程建设转向加强家庭、学校、社区的合作协调。胡庆芳在《美国高中课程发展研究》中谈到美国高中设置了丰富多样的选修课程,学生对课程享有广泛的选择权。这验证了美国多样性的选修课程体现了学校课程特色的观点。

究其原因,一是因为国外高中基本上都是分类办学,因而这个"类"就决定了它自身的特色,无须通过特色课程来加以彰显;二是因为国外高中基本上都开设有丰富多样的选修课程,这些选修课程本身就是特色课程的一种,同时学生选择哪一门课程本身就包含着课程实施的特色化。

我们也搜集整理了国外关于民族教育的相关研究。美国印第安人教育已经形成多元文化教育理念指导下的独特教育模式,其教育政策和课程改革框架的制订直接以多元文化的价值理念为指导,并已形成一定的民族课程开发模式。美国蒙大拿州推动"全民印第安教育"(Indian Education for All),以体现对印第安文化的保护与尊重,并要求在公共教育体系中大力推行印第安文化的学习。其受教育者不只是印第安裔学生,而是公共教育体系中的所有学生,这种情况不仅使印第安文化得到了传播,也满足了印第安学生的特殊需要。蒙大拿州出台了关于文化的课程文件,即《课堂与文化的链接:全民印第安教育 K—12 年级课程指南》(韦宁,

2008)。通过这种方式,印第安文化有了传承的机会和弘扬的可能,因为有政策上的规定和支持,学生们必须选择文化类的课程,这一点值得我国借鉴。针对课程实施过程,蒙大拿州还推出了《文化教育标准》,要求各公立学校按照标准、学生特点和学科特色制订相应的课程目标。蒙大拿州的实践证明:在开发有价值的文化课程资源时,教师对目标的了解和能力决定了推进文化教育的程度,因此,他们对教师也提出了更高的要求。除此之外,州政府教育部门还为学校文化课程资源的开发提供理论基础、具体的操作步骤。课程评价时,会根据相关的课程标准以及《在课堂与文化的链接:全民印第安教育 K—12 年级课程指南》中列出的有效教学评价标准来进行综合评估,并对优秀者进行表彰。

澳大利亚多元文化课程设计及课程资源的开发。澳大利亚为民族文化教育提供法律的保障,早在 20 世纪 80 年代,澳大利亚政府就颁布了《关于多元文化的澳大利亚国家议程》,提出学校要尊重具有不同文化背景的学生,保障所有学生享有教育平等的权利,并承诺为文化教育的实施提供资金与政策的支持。相应地,政府也对国家课程、州课程、校本课程中多元文化课程开设的目标、选择的课程内容提出了要求。对原住民文化的传承问题,澳大利亚政府专门编了课程教材。澳大利亚的多元文化课程评价共分为三个阶段:首先是自我评估,学校填写自我评价报告,形成一份课程发展计划;其次是评价机构派遣专门的人员进行实地考察;最后是由专业的评估团队进行总体评估(姚顺良,2014)。

加拿大民族文化课程。加拿大为了维护两种语言(英语和法语)和两种文化(英国文化与法兰西文化)并存的局面进行了教育权力的下放。王斌华教授从加拿大的教育制度、校本课程的开发概况及典型案例的呈现等多个方面对加拿大校本课程开发展开了研究,他认为,加拿大各个省的课程设置对民族文化知识采取兼收并蓄的方针。此外,他还提出了阻碍校本课程开发的因素及校本课程的评价方法。

3. 启示与述评

从特色课程建设来看,国内外对相关研究都比较重视、研究文献也比较丰富。在课程建设方面,各国普遍强调多样性,这种多样性表现在课程的丰富性及可选择性上,尤其注重在必修课程的基础上叠加丰富多样的选修课程。在特色课程管理上,相比于国家课程,学校有更多的自主权,并实行学分制管理,以充分体现“以学生为本”的教育理念。也有专著就开发特色课程的技术和路径及其核心问题进行了清晰、明确的阐述(邢至晖,2013)。

而从民族教育特色课程建设的角度,研究者提出的民族地区校本课程资源开发的方法、课程开发的模式建构、课程实施的方式、课程评价的理论框架等,都为我国民族地区推进校本课程开发提供了理论基础。一些学者以个别民族地区为案例进行研究,如黔东南苗族、青海西宁少数民族、湘西苗族地区,这为民族地区以及汉族地区的民族学校校本课程开发提供了宝贵的经验。此外,个别研究者还理性地检视了我国民族地区的校本课程,发现其存在偏狭的课程目标、汉化的课程内容、功利化的课程实施、师资力量不足等问题,并提出了相应的改进策略。

国内外校本课程开发理论和实施的经验给我们的研究带来很多启发。在文化课程资源的选择、校本课程的实施上,借鉴民族地区教育的经验,有利于我们在民族学校的校本课程开发中更好地突出"民族"特点。在现有特色课程的理论和技术的指导下,基于我校多民族学生杂处的特点,发挥我校固有的崇本教育特色,采用整合思维,从课程目标、课程结构与内容、课程评价、支持系统打造、师生成长与学校发展等各条路径入手,统整相关资源、人力与物力,构建具有融合、快乐两大元素的校本特色课程体系,是我们希望达成的课程建设目标与学校教学实践成果。此外,民族融乐课程的行动研究也有利于将民族教育、多元文化课程开发等主题的研究对象、应用场景拓展到非少数民族地区、经济发达地区的基础教育学校。从这个角度来说,我们的研究既具有理论创新的价值,又具有教育实践的参考意义。

第六章　分步推进塑"融乐"

第一节　调研学校特色课程开发与实施现状

一、反思经验

黄浦区回民小学是上海市仅有的三所民族小学之一,拥有80多年历史。学校曾被评为全国民族团结进步模范单位,上海市民族教育先进集体和上海市茶艺特色学校。"民族教育"和"茶艺特色"这两个特色的有机结合,激活了学校的教育创新潜能,激励我带领团队合力将校本课程开发推到一个新的发展阶段。回民小学的茶艺课程具有鲜明的民族特色,提供了一条基于学校现实的特色化发展道路。我也充分认识到本校的办学特色,力求找到一个合适的切入点,推动新时代的课程变革。那适合的切入点在哪里?我的答案是:在少儿茶艺实践中。

1. 从"民族茶"到"少儿茶艺"课程

从20世纪90年代开始,少儿茶艺就在上海如火如荼地开展起来了。黄浦区回民小学作为一所民族学校,民族教育、民族精神是学校办学的主要宗旨和发展方向。我接手之后,在不断打造、擦亮学校文化品牌的同时,也在不断思考:"我们的文化抓手在哪里?如何与时俱进、找准学校发展新的增长点?"

当年,回民小学结合民族特色,从学生学泡民族茶开始,如白茶、回族八宝茶、高山茶等。让学生从不同地区、不同民族的饮茶方法、饮食习惯开始,去了解各民族的风土人情,体验各民族的文化特色。也就是说,以民族茶为切入口,走进茶文化。

随着学校的不断发展,以及对茶文化的不断深入探究,师生们由衷地感受到:中国是茶的故乡,中国茶文化博大精深,三千多年历史的茶文化是中国传统文化中不可或缺的重要组成部分。而且,茶不仅是茶,其间还蕴含许多传统美德,弘扬茶文化、提倡"国饮"不仅有益于民族素质的提高,也有利于民族精神的健全发展。基于此,我认识到,具有民族教育特色的茶文化课程是核心素养导向教育改革时代强化"文化传承与创新"的重要载体和主要抓手。

从这个意义上来说,我们不能仅仅狭义地将茶文化局限于民族茶,茶文化中的茶德精神与中小学思想道德及行规要求也是相吻合的。在日常活动中,我们可以通过少儿茶艺教学的实践模式来丰富民族教育的内涵,让学生从物质文化的民族茶走向精神层面的中国茶文化;还要鼓励更多学生去学习茶、了解茶、品鉴茶,与茶交朋友,在茶文化中汲取中华传统文化的滋养,成长为具有文化内核的"中国娃"。

为此,回民小学从拓展型课程率先起步,开辟了《少儿茶艺》校本课程,在一到五年级的拓展型课程中,都设置了一节《少儿茶艺》课,并汇编了教学讲义和相关课程资源。力图让茶文化惠泽更多学生,让更多学生以茶的清灵滋养品性、以茶的雅韵陶冶情操、以茶的品格提升做人的道德。

2. 从"少儿茶艺"到"茶韵飘香"课程

在少儿茶艺拓展型课程中,学生们认真地学习茶文化知识,并发自内心地爱上了茶。特别值得一提的是学校"星月茶艺队"的学生们,他们多次走出校园,参加市区、全国乃至海外的演出近百次。包括出访马来西亚、赴俄罗斯驻上海领事馆演出、上海 APEC 会议期间为 MRT 嘉宾演出、参加特奥会表演、民博会表演等。不仅学生们"茶"星闪耀,教师们也发光发热,多次在全国、市区各类茶艺大赛中获得好成绩。

尽管特色鲜明且成果彰显,但在多年的实践中,我们也发现,少儿茶艺校本课程只能满足学生对茶文化的知识需求,学生从中习得的知识和技能更多地体现在茶艺表演、茶事活动中,但却鲜少触及茶的灵魂——文化内核。而随着时代的发展,以及生态文明理念的盛行,人们对茶渐渐更加重视起来。中国古代传统茶礼提出:俭、清、和、静。俭,就是节俭朴素;清,就是清正廉洁;和,就是和睦处事;静,就是恬淡安静。可见,茶礼要求的是由内而外展现内在气质,这不是靠一场演出或一次茶事活动就能满足或体现的,更需要一种由内而外散发出来的独特韵味,茶的韵味,文化的韵味,学校的韵味,师生的韵味,从而使得氤氲在回小的茶香更加蕴藉、更加隽永。总之,茶韵飘香要带动学校发展,带动学生成长,让回小的学子在茶香、茶韵中成长为有品质、有个性、活泼开朗的当代"礼乐"学子。

何谓回小"独特韵味"的茶文化? 我认为,那就在学校的"茶韵飘香"课程之中。"茶韵飘香"课程并不是一门独立的课程,它和"韵"紧密相连。在"茶韵飘香"课程中,我们以"韵"为核心,辐射出多门子课程。如香道课程、扎染课程、昆曲课程等课程,就与茶文化有着千丝万缕的联系。而玩转"茶"课程则赋予茶艺课程以更丰富的内涵、更多元视角的诠释。茶与香(闻香),茶与昆曲(茶韵),茶与扎染(茶席),清音香染,五色杂陈。通过"茶韵飘香"课程的辐射,师生们一次又一次深入到茶文化的高雅殿堂,感受与之不同的茶韵文化特色。

"我学会了一道茶,真高兴!""今天我给爸爸冲泡了一杯龙井茶,爸爸夸我真行。""自从学会了泡茶,我的心情也变得更加愉快。""学会茶艺后,我的动作变得更加优雅得体。""我能在茶艺课上与小伙伴自如交流了。""我发明了一种健康茶,取名为'天使之爱'。"有别于整齐划一的标准课程,"茶韵飘香"课程是灵活的,有生命力的,不断激发孩子们的灵感与创造力,涵养出一个个鲜活的、舒展的、个体的生命。

3. 从"茶韵飘香"到心目中的课程

在"茶韵飘香"课程中,回民小学的师生们一次又一次,深化着对茶文化的理解和认识。学校以"茶韵飘香"作为内容载体,多渠道、多维度、多元化地从显性和隐性两方面来发挥课程的育人价值,让所有的孩子都能有机会去参与沉浸式、不间断的学习。我的亲身感受是,经过茶文化长期的浸染,回小的孩子和其他学校的孩子的确有不一样的地方,说话的态度和走路的样子都非常优雅,这就是茶韵的熏陶,是茶文化的熏陶。在"茶韵飘香"课程实践中,学校十分注重时间与空间的开放性,学生个性潜能的优势就自然而然地被发掘了。

不过,在调研盘点"茶韵飘香"课程的过程中,我们也发现了一些有待改进的"槽点"。比如从这门课程涉及的内容来看,主要以民族文化类居多;从课程的运行方式来看,主要是以茶文化为轴,辐射其他课程。站在 21 世纪新的历史起点,置身于回民小学崇本教育转型发展的新阶段,我们不得不思考,学校未来该拥有怎样的美好前景?学校未来的课程应该给予孩子什么?

课程是学校发展的灵魂,学校的课程要适应时代的需求,要为适应 21 世纪发展的未来人做好充足的准备。一言以蔽之,我们的课程要承担起解决学校"教什么?""为什么?"的问题。它反映了学校的办学理念,是学校实现培养目标的重要载体,是组织教育教学活动的主要依据。为此,我认为,要打造面向未来的人才,就必须采用面向未来的课程,继而亟需更为系统、宏大的课程规划,才能完整支撑起学校的办学理念以及惠泽更多的学生、教师,最终撬动学校未来的创新发展。

二、学情分析

黄浦区回民小学是区域唯一的一所民族学校。目前有学生279 人,少数民族学生共有 24 人,占学校总人数的 0.9%,涉及多个少数民族(回族、黎族、苗族、土家族、蒙古族、维吾尔族、撒拉族等)。除此以外,大部分学生都是外来务工人员子女,占学校的90%以上。由于家长的文化水平低、家庭成员多,有的家庭甚至有好几个孩子,家长又不善于教育子女,家庭的居住条件和经济条件差,导致这些学生从生活习惯、行为习惯到认知背景和同龄人相比,都处于劣势。其后,随着周边小东门地块居住地的变迁和发展,学生生源情况比过去有所好转,但与区内其他小学相比,仍存有较大差异。特别是家长文化水平和认知水平的差异,直接导致他们对子女教育问题存有偏差。

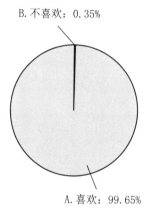

B. 不喜欢:0.35%

A. 喜欢:99.65%

学校课程学生喜爱程度研究调查成果

针对目前生源状况,我带领学校领导层通过网上问卷星的形式实施了问卷调研,并收集了反馈数据,进行详尽分析。从调研数据来看,学生们集中反映得比较多的心愿是:"希望学校的课程更加丰富""让更多的小伙伴们参与到学习体验中""学习茶艺让我们知道了如何泡茶,但我们还希望有更多的实践舞台""学校课程让我们学习到很多,希望走出去,到校外进行体验""课程的内容让我们开阔了眼界,但是有的课程我们体验不到,希望能开设更多的课程"。针对调研情况,我提出,作为转型期的民族学校,学校的课程应该满足不同学生的需求,为不同层次、不同学术兴趣的学生提供丰富的课程。此外,民族教育、民族情怀、大中国的担当和责任都不是空泛的"大词",而是必须落实到培育每一个身心健康、全面发展,有民族情怀、能服务社会、适应未来生活的回小学子身上的"实词"。

三、师情分析

虽然雄心勃勃,但我也要审视现状,尤其是学校的师资条件。2011 年,回民小学搬迁至聚奎街 50 号,几经合并,教师队伍已经呈老龄化态势,教师职业倦怠情况也日趋严重,教师的教育理念、教学行为与市教委的相关要求存在一定的脱节现象。许多教育新观念、新思想、新方法在学校工作和教师教育教学的具体行为上还不能得以有效贯彻。而教师教育教学理念和意识的转变是促进学校内涵发展的内在动力。基于以上考量,2016 年我任校长就提出,提升师资队伍质量最关键的是要敦促教师追求自己的教育理想、接受新的教育思想、形成正确的教育观念。这就需要我们进一步解放思想、打破思想障碍,以教育变革者的勇气与姿态迎接学校未来五年乃至十年更长远的发展机遇和挑战,促使每一位教师在先进思想与理念的支撑下切实转变教育教学行为,惠泽每一位少数民族儿童。

另外,相关专家在《回民小学 2015 年综合督导意见书》中提出:学校在课程实施方面做了很多的探索与实践,但未见对课程整体规划的顶层设计。建议学校梳理现有课程的实施情况,力求更好体现以课程系统架构统领学校发展、教师发展、学生发展,凸显学校特色的功效。并特别给出"温馨提示":教师队伍建设是一所学校软实力提升的关键所在。

为此,我根据综合督导室意见,拟定访谈提纲,在教师中间进行如下访谈:

● 对学校目前课程实施的现状,您有什么看法和建议?
● 针对学校目前的课程状况,您觉得教师应当如何提升课程执行力?
● 置身于新的发展阶段,您希望看到学校课程向什么方向发展,如何发展?

基于对教师访谈内容的整理,我们将主要发现概括如下:

我们发现教师对学校的课程建设充满期待,因为在他们眼里,学校的课程本来就应该是丰富多彩的;至于学校未来整体发展方向,教师们既表达了对学校发展规划的认同,也体现出各自独特的认识。"学校的课程应该满足所有学生的需求""学校课程应该构建新型的、和谐的师生关系,并呼唤个性化的教与学""学校课程应该给孩子心理带来愉悦,并缔造有益于他们身心健康的物质环境和心理环境。"一句句感言、建言,表达的是教师们对学校既往努力的真诚评价以及对未来课程的美好向往;一个个诉求诠释的是对教师这一崇高职业的理性思考,对学校发展的热忱关注。

从教师们的访谈中,我也感受到扑面而来的课程重构的变革气息,我深刻体会到:构建一个能最大程度满足师生愿望的课程体系,是学校课程改革的关键所在。我也认识到:要让课程建设引领回小教师的专业发展、教育教学行为的转变,学校必须在课程的设计乃至顶层设计上有所作为。学校要促使以往既定的、单一的、封闭的课程走向多元,才能转变教师的教学行为,让教师以主动的态度、理性的方式来推进课程的发展,发挥教师的课程创造力,激发教师的内在情感,主动创设学生发展的教育环境,突出工作的灵活性、创造性、全程性、无时空限制的特点。这无疑对我们原有的"茶韵飘香"课程提出了新的挑战。教师要转变,课程是关键。教师要提升,课程是载体。学校要用先进的课程规划指导教师,提高教师的实施能力,追求课程实践的最大效益。总之,创建提升教育效益的课程应当成为回小课程改革与发展的总体目标。

无论是从学生的调研中还是从教师的访谈中,我们都感受到,师生们对学校课程建设朝着优化方向发展有着强烈的诉求。反思过往经验,学校对原有的课程目标定位、课程内容设置以及课程评价方式,还缺乏完整性和统一性,难以对学校的整体发展起到很好的推动作用。为此,我亟需领导学校骨干教师完成统领式的顶层设计,为学校未来发展的整体格局擘画蓝图。师生们对学校的未来发展和课程建设的愿景,于我们而言,既是压力又是动力。那么,学校未来的发展该是怎样的呢? 我们认为——

回民小学应当继续秉承"以学生发展为本"的崇本教育信条,继续坚持"不选择、不拒收少数民族学生、为了每一个儿童享有接受教育的权利"的全纳原则,以实际行动推进教育公平。虽然接受少数民族儿童会给学校带来教育教学上的种种困难,但为了所有少数民族学生的利益,学校依然坚守"以学生发展为本"的信念,力图培养每个学生一生受用的核心素养。因为我们的教育是为了每一个学生健康快乐成长,更好地选择自己的人生,并使每一个回民学子成为国家的栋梁之材。

回民小学崇尚本真、回归本源的教育宗旨,落实到实践中,就是让每一个孩子受到自然、绿色、适切的教育。我认为,实施能够适合每一个孩子个性特点的灵活教育,才是教育的本源,也是我们学校崇本教育的宗旨。学校的使命就是要为每一个孩子提供适切的教育。适,就是适合教育规律;切,就是契合每个孩子的身心发展规律。秉持适切性教育理念,回民小学从学生的成长需要出发,立足学生的身心发展规律,切合学生的个性特点,尊重学生的人格发展需要,努力创造最适合每一个孩子发展的个性化教育。

第二节　融乐课程的理念与目标设计

一、育人目标

中华人民共和国成立前,上海的回族市民中经济困难者不少,为了培养好回民子弟,1931 年,由中国伊斯兰教协会干事马晋卿及其他回族乡老共同集资七万银元,购置了南市福田庵旧址,创办了上海第一所少数民族学校——敦化小学。1947 年,由回民谢客、金幼云利用小桃园街前上海伊斯兰教孤儿教养所的空房及课桌设备,开办了又一所少数民族学校——崇本小学。

中华人民共和国成立后,两校均改为公办。20 世纪 50 年代末,分别改名为南市区回民一小与回民二小。1994 年,两校合并,成立南市区回民小学。2000 年,黄浦区与南市区"撤二并一",学校更名为黄浦区回民小学。简单回溯历史可知,有着 80 多年历史的回民小学是上海历史最悠久的一所少数民族学校,曾培养出一批民族精英,如:表演艺术家达式常,全国劳动模范——抓斗大王包起帆等。更值得一提的是，学校在民族教育和民族团结进步方面曾做出、并在继续做出较大贡献。

2011 年，回民小学搬迁至聚奎街 50 号，校园占地约 1500 m²，是黄浦区唯一的一所具有民族特色的学校，曾被授予"黄浦区爱国主义教育基地"。多年来，学校受到教育局领导关爱，也一直得到区民族宗教办公室和区少数民族联合会的关心及工作上的指导。回民小学还曾荣获全国民族团结进步模范单位、全国红旗大队、市首批小学办学先进单位、上海市茶艺特色学校、市绿化先进学校、市清真饮食先进单位等荣誉称号。

虽然多年来，回民小学几经合并，但历任校领导都十分注重学生的全面发展，"德育为先，和谐发展，创建特色，全面提高"已成为学校素质教育的特色。"不选择学生，把不同的孩子都教好，让学生变得更聪明"是学校不变的办学信条。

到我接任回民小学的 2016 年，学校共有教学班 11 个，教职员工 47 名，教师 44 名（其中少数民族教师 2 名），平均年龄 39.7 岁，大专（20 个）和本科（23 个）学历占教师总数的 95.6%，中学高级教师 3 名、小学高级教师 30 名，合计占教师总数的 73.3%，40 岁以下青年教师占教师总数的 52.3%。

学校共有学生 279 人，少数民族学生共有 24 人，占学校总人数的 0.9%，涉及多个少数民族。学生总体学业发展状况良好，但也存在部分学生学习动力不足、学力尚有欠缺的情况。不过，在我看来，受不同的成长背景因素影响，学生的个性、习惯、兴趣、爱好等方面呈现出一定的差异性也是很自然的，不必强求统一的高标准，只需因材施教、帮助他们成为最好的自己即可。

二、育人理念

在 80 多年的发展变迁过程中,回民小学的办学理念、办学目标也在不断与时俱进,力争契合每个发展阶段的特殊需求。从"让每个学生更聪明"的朴素教育追求到"满足不同学生的需求",再到最终"培养适应未来生活的人,成就不一样的我"的当代育人观,作为学校的掌舵者,和历任校长一样,我的理念也一直在更新之中,也更坚定了在学校加快课程建设、推动课程改革的信念。基于学校的发展愿景以及师生们对课程建设的内心诉求,我决定带领骨干教师团队从"培养什么人?""怎样培养人?""为谁培养人?"的宏观角度出发,去思考、去设计、去发展,构建具有回民小学文化品质、践行体现"崇尚本真"教育内涵的课程整体构架,以推动学校的未来发展。

为此,我们对学校的文化表达进行了系列设计。将学校办学理念重新定位为:"让每一个孩子都受到适切的教育,为每一个孩子插上助飞的翅膀,让各民族不一样的儿童一样的快乐,一样的成才"。校风界定为八个字的"活泼、自信、合作、进取"。对教风的描述同样是八个字"求严、求实、求活、求新";学风则为"勤学、善学、实学、乐学"。最终,提炼出"崇本、厚德、乐学、健体、和谐"的文化内涵。

总之,回民小学的课程建设就是要为每一个孩子插上助飞的翅膀,为他们成就不一样的我而提供助力。为此,学校的课程就应该贯彻《国家中长期教育改革和发展规划纲要》精神,坚持全面发展与个性发展的统一,既注重每一个孩子的身心全面发展要求,又致力于尊重和关注每一个孩子的兴趣爱好,发现和培养每一个与众不同的儿童,促使每一个孩子实现思想成长、学习素养提升、身心健康和谐发展,为每一个孩子插上有民族情怀、能服务社会、适应未来生活的助飞翅膀。

为此,我带领校领导层在听取各方意见之后,通过研读、精读各科课程标准,把握普适性的修订原则,初步构建了"民族融乐"课程体系。不仅在课程内容的深度与广度上进行了拓展,还开发了以融合路径提升学生综合素养的拓展探究学习模式,设计了以"游·乐·学"为实施策略的"礼乐"学子实践体验课程内容,形成打上回小文化烙印的"民族融乐"课程。

三、课程理念

于我而言,"民族融乐"不仅是具有学校品牌标记的课程,更是一种忠贞不渝的信仰,一种独特的教育文化,意味着教师的价值引导与学生自主建构知识的统一。如此一来,教育内容才能与学生的生活实际密切结合,才能促使每一个民族娃在学校教育的"融乐"课程中体验生活、学习和探究的乐趣。

"融乐"意味着大融合,"民族融乐"就是要让学校成为各民族学生幸福成长的摇篮,学生成长的乐土、快乐的园地。以学生为本,以"实践、体验,乐融、乐行"理念为引领,从学生身心特点出发,遵循他们的发展规律,让每一个在回小的民族娃健康快乐成长,拥有温暖、丰富的学习体验和生活经历。

四、课程目标

回民小学是一所民族教育特色学校。民族教育不断与时俱进地发展,也促使我不断思考:"办怎样的学校""民族教育的未来该是怎样的?""如何办好民族学校?"等宏大命题。对学校发展过程及历史文化进行深入了解,并对照相关文献资料进行梳理总结之后,我以"民族融乐"课程"融""乐"两大板块为抓手,结合学校打造民族教育特色学校的办学理念、办学目标和领域目标,坚持崇本教育的培养目标,确立课程目标。

"民族融乐"课程的定位是"具有文化内涵和价值品位的民族特色学校的特色课程",宗旨是培养"五爱五会"民族娃。以此为总目标,我也设定了如下分目标:培养学生的学习能力、学习习惯、学习方法,激发他们的学习兴趣,提升他们的学习素养;培养学生个人的综合素养,提高他们适应未来社会、过上幸福生活的能力;激发学生的民族情怀,传承中华优秀传统文化;促进学生和谐、有个性地发展。并梳理了校本化的具体表达:通过"民族融乐"课程之融系列、乐系列的实施,实现学生"五爱五会"成长目标。"五爱"即爱民族、爱中国、爱世界、爱家庭、爱自然;"五会"即乐探究、乐操作、乐合作、乐表达、乐活动。另外,我也对照核心素养的要求,梳理了校本化表达:我校致力于培养学生"健康、自信、友爱、乐学"的必备品格,以及"适应能力、学习能力、表达能力、创造能力"等关键能力。力求在教育改革的大时代贡献民族教育特色学校的"小样本"。

正是在前沿的课程理念和聚焦的课程目标引领下,"民族融乐"课程才体现出了诸多核心素养导向课程的特征,取得了显著的育人效果。

其一,具有较大的包容性。"民族融乐"是回民小学的教育哲学,民族融乐体现为各民族的大团结、大融合。在这里,各少数民族的学生和汉族的学生一起快乐学习、快乐生活、快乐体验、快乐实践。在这里,"民族融乐"应当成为学生美好童年的一段难忘经历。我们将"民族融乐"这一思想,在德育、课程、文化、教师乃至管理等领域无痕渗透。不仅涉及的面广,还具有较强的包容性。这种包容性无处不在,体现在各民族儿童的生活习惯、礼制习俗、民族文化、民族语言的方方面面。

其二,具有较强的指引性。"民族融乐"崇尚本真教育是学校的办学宗旨与办学方向,更是学校民族教育发展中的精神财富。"民族融乐"是回小人对教育理想的追求与信念,并努力将其内化成自己日常学习和工作的行为准则。"厚厚道道做人,踏踏实实做事",成为全体回小教职工的座右铭,产生了正向的教育效应。在此引领下,整所学校都在"融乐"中行走,促使学生健康、快乐、自信、活泼地成长,为成就不一样的我而努力。

其三,具有显著的独特性。"民族融乐"课程是学校实现未来发展的紧迫需求,也是学生、教师、家长的美好愿景,还是促进学校强化育人特色的重要标尺。结合多年来形成的民族教育基础以及悠久的校史,我带领团队致力于从民族教育、民族文化等路径出发,打造学校的品牌特色,在实施途径、实施对象、文化特色等方面均与众不同。尤其是在设置"融乐"课程时,我就秉承"努力打造好区域内唯一一所具有文化特色的新优质民族学校"的坚定信念,从而从课程结构、课程内容到评价方式、配套支持系统,都求新求异,将学校的特色充分彰显。

第三节　融乐课程的结构与内容设计

一、课程的结构设计

基于民族小学特色及民族教育文化内涵,为了凸显办学特色、彰显融乐课程理念,我聚焦于拓展型课程以及校本特色课程的开发与实践,以"崇本融乐"系列课程激发学生的民族情怀,促使他们传承中华优秀传统文化,实现和谐、有个性的发展;并以"崇德乐行"素养课程培养学生个人的综合素养,提高他们适应未来社会、过上幸福生活的能力。双线并行,达成学校崇本教育的目标,并形成系统、完整的民族融乐课程体系。如下页图所示。

1. 学校民族教育的重新界定及其内涵阐释

学校"民族融乐"课程以"五爱五会民族娃"实践作为主要的实施路径,其课程的核心由两大课程模块组成,每个模块之下都有相应的子课程。通过整合式推进的方式,让学生在"融于合""行于乐"之间穿梭,开启学生漫游民族文化的课程之旅,形成回民小学独特的"行走"文化。

两大模块分别为"融系列""乐系列",其中"融系列"代表"融合、文化的共享",让学生初步形成对多民族文化的认同感、归属感;"乐系列"代表"乐享、文化的认知",让学生初步具有对民族文化的理解和正确的认识。在两大模块之下,我结合办学理念"民族情、中国心、世界眼、家庭和、自然美",进一步诠释了回民小学的民族文化内涵和"崇尚本真育人,民族融乐教人"的育人价值观,从

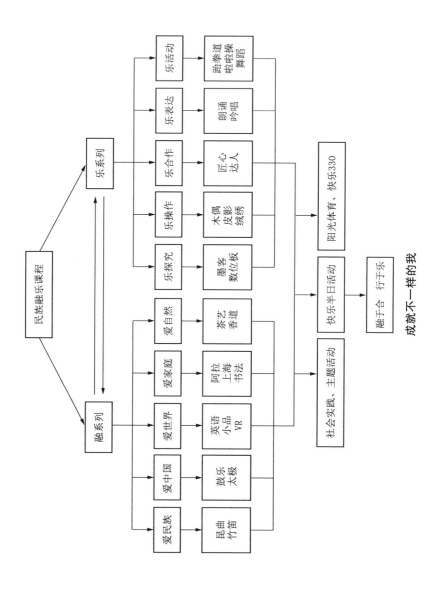

而在更高站位上对民族教育内涵进行了重新诠释。

回民小学的民族教育应该是回归本源的教育,从回归民心的愿景(愿景即"实现中国梦,给孩子插上助飞翅膀")、回归民本的教育(教育即"回归教育的本源、不忘初心、始终播撒爱的教育")、回归民情的期待(期待即"在办学理念的渗透下,教师、家长、学生都能成就不一样的我")、回归民真的发展(发展即"始终追随教育改革的步伐,与时俱进谋发展、走特色之路")、回归民众的满意(满意即"办学生喜欢的学校、家长满意的教育、打造教师幸福的乐园")中,寻找到民族教育的着力点:大中国心,"大"中国的情怀和担当;大民族情,"大"民族的尊重和理解;大世界眼,"大"世界的视野和胸襟;大自然美,"大"自然的美丽和绿意;大家庭风,"大"家庭的感恩和包容。

基于学校民族教育的重新定位和内涵阐释,我们在"民族融乐"课程构架上,以融系列、乐系列两大板块,以五爱(爱民族、爱中国、爱世界、爱家庭、爱自然)、五会(乐探究、乐操作、乐合作、乐表达、乐活动)为育人目标,通过课程整合推进的方式,让学生在"融于乐"之间穿行,学本领、练技能,知行合一,最终成为兼具民族情怀、都市视野,自信朴实,勤劳能干,具有回小特质的终身学习者和未来建设者。

2. 编织"民族融乐"课程之网

在对融乐课程进行顶层规划时,我遵循"以生为本、凸显校本、持续发展"的原则,同时将现有的民族文化资源进行梳理、统整,设计符合校情和学情的"崇本"课程,见下图。而在课程设置中,我也力求让"崇本"课程真真实实、实实在在地贯穿始终,从学生内在发展的需要出发,精选学生终身发展必备的知识,使学生在课程的参与、实践、体验中真正获得难忘的经历,留存温暖的记忆。

融乐课程的"融系列""乐系列"两大板块

板块	内容	目　　　标
融系列 (五爱)	爱民族	培养学生对民族文化、民族习俗以及优秀的各民族文化元素的热爱之情;激发各民族儿童心连心、共成长。
	爱中国	培养学生的爱国情、家国情怀;促使他们理解、接受并自觉践行社会主义核心价值观。
	爱世界	培养学生了解和尊重世界多元文化的热情;激发学生拥抱世界、拥抱和平、探索学习的动力。
	爱家庭	培养学生爱学习、爱生活、爱家园的情怀;激发学生创造美好生活的动力。
	爱自然	培养学生对大自然的热爱,提升他们善于发现、感知、欣赏、评价自然美的意识;激发学生表达和创作的热情。
乐系列 (五会)	乐探究	培养学生乐于探究、自我学习的能力。
	乐操作	培养学生善于动作、动脑,勇于实践的能力。
	乐合作	培养学生善于合作、善于发挥团队力量、共同完成任务的能力。
	乐表达	培养学生善于表达交流、勇于表达自己内心想法和建议的能力。
	乐活动	培养学生积极、主动参与各类活动,并在活动中展现自我风采的自信心。

二、课程的内容设计

民族融乐课程贯穿于我校拓展型课程、探究型课程的各个环节,力求形式多样、贴近学生、具有弹性。一般来说,我们每周集中安排半天时间(每周五下午共 4 课时)用于该课程,每学年总课时量不少于 120 课时。下文以体"味"实践为例,展现我校主要的内容设计思路,见下页表。

体"味"实践板块的内容主要分为两个部分:一是结合主题教育活动、社会实践等开展民族教育,培养学生的民族自豪感、社会责任感、法治意识、社会实践能力;二是结合学校的民族教育特色,对学生进行艺术熏陶,提高人文素养、积淀文化底蕴、养成良好品行。

三、课程的特色亮点

总体而言,"民族融乐"课程设置与学校整体工作方向是吻合的,既是学校办学理念、育人价值观实现的有效载体和途径,又是转型期的回民小学在构建新型文化特色中探索出的独特路径。随着项目的进一步推进以及师生认可度的提高,我也基于学情、师情,将"民族融乐"课程在内容的深度与广度上进行了持续的拓展。不断充实、丰富"民族融乐"课程内容,逐步厘清以"崇本教育"办学思想为核心,以"整合推进"作为主要实施途径,以"五爱五会民族娃"乐实践为主线,整合式推动融乐课程的发展,最终成就"融乐小事业"。

在这其中,整合式思维始终是学校"民族融乐"课程实施的主要理念与路径,也是引领学校"民族融乐"课程最终达到育人目标的关键保障。它引导着学校"民族融乐"课程沿着有序、正确的方向;更是学校办学理念、育人价值观和育人目标最有力的印证。可

体"味"实践版块的内容设计

活动时间	项目类别	年级	活动主题	活动内容	成果展示
12:45—13:20 体"味"实践	社会实践类 第1周~第6周	一、二年级	感知红色旅程	组织参观豫园点春堂	说说活动感受
		三、四年级	感受书香文化	组织参观上海文庙	讲讲参观体会
		五年级	感叹城市变迁	组织参观上海豫园（名人访谈等）	讲讲历史文化
	艺术人文类 第7周~第11周	一、二年级	走进经典	进行艺术人文欣赏（如音乐艺术、茶文化、美术作品等）	我最喜欢的……
		三、四年级	畅游艺术苑	参与其中（如学会一种小乐器，冲泡一杯茶，学会工艺美术制作）	一项小技能展示
		五年级	我与文学对话	在掌握创作技巧上有所进步	创新作品展
	民族文化类 第12周~第16周	一、二年级	知晓节庆文化	知晓我国的传统文化习俗以及文化特色	介绍一个传统文化节日的文化特色
		三、四年级	探寻民俗文化	知晓传统文化、民俗故事及其历史渊源	说有关的传说或典故
		五年级	创意文化生活	创新设计一个文化节日活动	设计节庆文化方案

以说,正是整合式思维助力参与民族融乐课程的回小学子走上了鲜活、生动、绚丽的七彩课程体验之路。这条"七彩之路"就是学生走向课程实践的幸福之路。

第七章 固本强基铸"融乐"

第一节 民族融乐课程的路径与策略

实践,是课程最美的语言。学校课程实施方式其实就是孩子们与世界打交道的方式。其中,教师就是学生走向课程实践的引路人,教师的任务就是帮助学生找到课程实践的入口处。因此,在推进项目的整个过程中,我都将这种课程实践意识作为推动"民族融乐"课程在拓展型、探究型课程中实施的重要基准点(benchmark)。为了使"五爱五会民族娃评价"目标在"民族融乐"课程实施过程中得以落实,并转化为学生在实践中的良好品行和修为及能力,我们基于不同类型课程的特征,探寻适合回民小学学子的课程实施路径,鼓励教师们根据课程内容,从学生的身心发展特点出发设计课程,力图在教与学、学而乐、乐促情的过程中,充分满足学生个性化发展的需求,并且充满情趣、智慧与思辨性。

一、实施路径

校园文化是一种隐性的意识形态,文化的形成是一个漫长的过程,是一项与实践同在的工程。文化是一种精神,校园文化就是一种无形的、无法被感知的文化精神滋养。校园文化创建的目的,是让学生拥有快乐成长的摇篮和乐园。只有贴近学生、满足学生成长需求的校园环境,才能真正成为有价值追求、有文化底蕴、学生向往的精神家园。

1. 节庆文化:让学生体验不同的传统节日

众所周知,学生几乎没有不喜欢过节的。校园节日是学校课程实施的重要形式,也是教师活跃学习氛围的经典"套路"。"节庆学习"指的是围绕一个或多个经过结构化设计的主题节日而开展的一种学习方式。在这种学习方式中,"主题节日"成为学习的核心,而围绕该主题的结构化内容成了学习的主要对象。在回民小学,最受学生欢迎的就是体现德育品牌特色的节庆文化主题系列活动,如"中国娃过中国节"4+1 主题系列活动,还有"体育节""艺术节""科技节"等常规节庆文化,等等。

以"中国娃过中国节"4+1 主题系列活动为例。我们根据不同的节日文化创设不同的节庆茶,如元宵节的元宝茶;端午节的碧波金莲茶;中秋节的金桂玉潜团圆茶;重阳节的杞菊延年敬老茶以及开斋节的回族八宝茶等,见下页表。在品鉴不同的节庆茶中感受不同的文化,获得不同的体会和感悟。在快乐的体验中,学生高雅的气质不知不觉地由内而外散发出来,茶文化已然悄悄渗透到了他们日常生活的点点滴滴。

丰富多彩的节庆活动、精心设计的学习内容磁石般吸引了学生,给每位回小学子的校园生活留下美好回忆。让这些融文化、艺术、科技等元素为一体的主题校园节日,伴随着回小学子在"民族

"中国娃过中国节"4＋1主题系列活动

节　庆	茶　　道	实践过程
元宵节	传统元宝—祥和茶	队员们在家中为父母、长辈敬上元宝茶，表达美好祝愿。
端午节	碧波金莲—喜庆茶	队员们互敬清凉提神的碧波金莲，互帮、互助、互勉励。
中秋节	金桂玉普—团圆茶	中秋佳节倍思亲，一道金桂玉普团圆茶表达队员心声。
重阳节	杞菊延年—敬老茶	队员们来到敬老院向老人们敬上枸杞延年茶，表达爱心。
开斋节（回族）	回族八宝—特色茶	来一杯浓浓的回族八宝茶，共同体验民族特色风情。
附：教师节	红烛碧螺—敬师茶	向老师们敬上红烛碧螺敬师茶，表达对教师的崇高敬意！

融乐"课程中共成长。

2. 社团活动：让学生"游中学"喜欢的课程

社团是校园文化的重要载体，是学生身心发展、拓宽兴趣、开阔视野的主要阵地，是完善学生知识结构、展示学生个性，发展特长、内化能力的第二课堂。对于学生来说，社团是一个熔炉，锻炼着自己的能力；社团也是一个舞台，能够展现自我的风采。

回民小学的"快乐半日活动"是一个开放的活动天地，为学生的综合发展提供了可操作性的环境，也为学生的快乐体验提供了课堂之外的第二场所。它还是一个多元文化的联结者，将学校特有的多民族文化脉络清晰呈现，为学生从思想到行为的跨越提供最为有效的实践场所。

3. 校园环境:让学生浸润于文化氛围中

回民小学的校园环境是学校"崇尚本真"文化的体现,是实施崇本教育、彰显学校"打造民族教育特色学校,丰富崇尚本真学校文化"办学理念和文化底蕴的教育场域。校园文化的创建,就是给每个孩子培植一片温暖的文化土壤,播下一颗创新的种子,促使他们带着一双隐形的翅膀去实现自己的梦想。

我任校长的几年间,回民小学的环境创意设计均紧扣学校"崇本长廊"文化主题,分别建设了校门旁的"快乐逍遥廊",一楼的"茶香墨香廊",二楼的"游乐伊甸廊",三楼的"遇见未来廊",以及四楼的"博雅书馨苑"。漫步其中,可以感受到学校的每一条长廊都浸润着学校崇本教育的绿色文化。

之所以用心营造校园环境的显性文化,就是为了能让校园的各个区域都"会说话"。从"廊"文化建设、"崇本星舞台"、"融乐科创馆"、"分享倾听室"的整修,"教师文化屋"的建设,"温馨乐餐厅"的改造,到"回小融乐门厅"和"萌动音乐坊"的改建,我们立志要将校园的环境育人坚持到底! 小而精致、精而有品,处处彰显学校崇尚本真的文化底蕴和育人价值。也有利于回小学子在充满文化气息的校园环境中,感受学校"民族融乐"课程深层次的文化内涵。

回民小学"民族融乐"课程是以学生为中心的课程,基于学生成长发展需求,立足学生身心发展规律,切合学生个性特点,尊重学生人格发展需要,努力创设适合每一个孩子发展的学习活动。在课程整合式推进的过程中,我一直督促教师把握课程内容之间的关联性,从而形成立体化课程运作空间。从横向来看,课程内容之间是相互联系又相互依存的关系,"资源共享整合""主题活动整合""体验形式整合",每门课程、每种教学实施路径都能在彼此的交流联系中找到共通的触点。从纵向来看,整合式推进呼应了学校的办学理念、办学目标和育人思想,以"五爱五会民族娃"乐实践为主线,让学生在冲浪式的学习的过程中,完整地体验学习带来的快乐。

除了校园里的学习,社会化学习对学生来说,也是非常重要的人生经历,它既是学生了解社会、体验生活、感悟成长的天然情境,也是将知识积累、情感体验、意志磨砺、行为事件融为一体的综合性学习过程。黄浦区回民小学地处老城厢,地理位置优越、社会场馆密布、历史文化底蕴丰厚,将这些丰富的资源与校内课程教学进行整合,就可以打造出场景体验、场馆寻访、情境游戏、实地考察等多种非正式学习模式,不仅拓展了学生的学习空间,丰富了学习的内涵,还使得学生得以将学校教育中习得的知识在社会广阔的天地加以实践、实用,从而勾勒出回民小学学生独特的课程之旅。

4. 基地寻访:在社会实践中体验历史

回民小学在校外开辟的多渠道的社会实践模式,为学生提供了更丰富的非正式学习的机会。当代少年处于一个多元、开放、变化的社会环境中,学生在道德发展、价值选择和人生取向等方面都面临着多元选择。社会实践是提升德育功效的一条有效途径,为此,我们推出"民族文化之旅"系列考察活动,结合学生仪式教育活动,合理安排进行参观学习,见下页表。

此外,我们还全力整合学校、家庭、社会(社区)等多方资源,全面统筹规划,形成有效合力,搭建师生践行的广阔平台。随着学习

"民族文化之旅"的系列考察活动

年　级	基地名称	教育目标
低年级	文庙	了解具有七百年历史文化底蕴的上海文庙;知道文庙是上海富有文化教育气息和优秀传统文化的景观,是著名的儒家文化圣地。
中年级	豫园	了解豫园的古老建筑和文化,它是中国古代园林精品,是中国能工巧匠的杰作。
高年级	上海博物馆	了解中华民族的灿烂文化,以及中华民族文化对世界文化发展的贡献。

活动范围的扩大,我们学生的社会实践从街道辐射到全国甚至海外。典型的例子包括:敬老院"特别的爱给特别的你"感恩活动;社区千人品茶会;校民族知识宣传队为社区居民宣传民族知识;亲子学民族泡茶活动;上海市大世界非遗基地展演;暑期各类艺术、科技夏令营交流活动。通过社会实践,学生开阔了视野和胸襟,学会

了尊重他人、关心社会,同时自尊、自信、自控、忍耐、坚毅等品格也得到了锤炼。总之,社会实践活动使学生的道德内化并升华,实现了民族精神与时代精神的完美统一。

5. 茶馆体验:在寻访中提升文化实践力

"小茶人茶馆寻访游"也是回民小学"民族融乐"课程实践的主要途径之一。学校以"茶韵飘香"课程为载体,通过校内外资源的整合,创设问题情境与应用场景,提升学生茶艺技能的同时也锤炼了他们的文化实践力,同时,也满足了他们对校外实践的好奇心和求知欲,提升了学生主动学习的积极性,见下表。

	模　块	主　题	实践场馆
小茶人体验之旅	茶馆地图寻访	1. 老茶馆寻访游	湖心亭、老上海茶馆、春风得意楼
		2. 新茶馆探究游	叙友茶庄、秋萍茶宴馆、得和茶馆
		3. 未来茶馆畅想游	概念茶馆
	让我为您奉杯茶	1. 小茶人进军营	武警十中队一支队(国旗班)
		2. 一杯清茶祭孔	文庙

二、实施策略

1. 德育无痕

陶行知先生早就提出过：生活即教育，社会即课堂。学生的品德源于生活，并在生活中能动地表现出来。关注学生在生活中的动态发展过程，是德育对人的主体地位的认可和对生命的尊重。真实有效的德育必须走进孩子的生活世界，必须从生活出发，在生活中进行并回到生活。"润化"是无痕德育的基本特质，包括学科教学融入无痕德育的具体策略，也包括目标内容上的无痕融合，方式方法上的柔性融合，载体途径上的润化融合。

基于以上理解，我带领团队从小学生的生活经验世界出发，构建具有"民族融乐"精神的课程体系，实现教育观念、师生角色、教学方式和学习方式、课程管理及其规则的全面变革，使学校课程成为学生人格建构、精神成长的内在资源，为学生涵养民族情怀、适应未来社会生存、学会过有意义的生活奠定基础。

"民族融乐"课程、家文化系列以崇德礼乐作为主要内容，培养学生个人综合素养，提高其适应未来社会、过上幸福生活的能力；并通过激发学生的民族情怀，促使他们传承中华优秀传统文化，实现学生全面而有个性地发展，从而体现民族特色学校的课程特点和价值品位。

试举一例以说明。下文引用的是回民小学"家"文化主题式综合活动课程系列中的典型课例——可可西里我的家。

可可西里我的家

　　"可可西里我的家——奔跑吧，藏羚羊"属于回民小学"家"文化主题式综合课程系列活动中的一个，于 2018 年末成功举办。该活动从"我与自然"这一维度出发，通过以文化人的育德策略，将回小特有的民族文化元素融入低年级主题式综合活动"可可西里我的家"这一主题中，并在全校开展体验活动。通过校内场馆式活动，以"奔跑吧，藏羚羊"为主题，以人文、地理、历史、自然四大板块为主线，开展内容丰富、形式多样、富有特色的主题式综合活动课程。

　　（1）从小主题到大主题——主题的确立

　　回民小学"家"文化系列之"可可西里我的家"主题式综合课程活动，对于回小的教师们来说是一种新的尝试。好在回民小学在黄浦区率先试点开展了低年级主题综合活动，在此过程中，教师们已经意识到这是一个非常好的文化育人的载体。其特点是能将优秀传统文化教育在学科教育中渗透，生动而不牵强，鲜活而不彰显。这种无痕式、浸润式主题活动，为学校"民族融乐"课程的实践带来新的活力。学校将低年级中开展的主题综合活动这样一个实践点，延伸为全校性的"可可西里我的家"——"奔跑吧，藏羚羊"主题综合活动，最终形成学校"家"文化主题式综合课程系列活动，成为全区率先探索有民族教育特质的课程实践的先锋。

（2）从小协作到大协同——教师的转变

早在 2017 年 11 月,回民小学就已率先在"民族融乐"课程体系中的精品特色课程——"茶韵飘香"场馆课程中尝试协同教学模式,以主题单元学习的形式,尝试由不同学科的教师进行跨学科融合教学。这种基于学科又跨越学科界限的教学模式,为当下的"可可西里我的家"主题式综合活动带来了良好的示范作用。起先,全校只有 9 位教师进行合作,到后来,所有教师都开始进行协同合作;原来,我们只在一个科目下进行场馆活动设计,到如今,16 个不同场馆的主题课程设计涉及了几乎所有学科,这无疑给回小的教师带来前所未有的挑战,同时也提供了智慧碰撞的绝佳机会。正是这种打破学科界限的、教师之间的智慧碰撞与完美配合,最终为"可可西里我的家——奔跑吧,藏羚羊"的 16 个场馆带来了多元、丰富、精彩的体验。

（3）让每一个孩子都找到幸福的感觉

我们是以情景式、任务驱动、项目化学习为形式开展活动的,让每位回小学子人人头上佩戴藏羚羊头饰,带着小小任务单,手持精美的体验卡,在小导学的指引下来到各场馆进行自主体验活动。体验之余,学生还要为自己最喜欢的场馆"点赞"。整个活动过程中,学

生在一个个场馆中进行沉浸式体验,亲身感受到"家"文化的巨大魅力。最后,全场跳起的"爱我中华"集体舞,以及悠远的"可可西里"主题旋律将整个活动推向高潮。

活动中,在共同设计的场馆,师生共同佩戴自己亲手制作的藏羚羊头饰,并一起跳起欢乐的舞蹈。活动后,学生们纷纷表达发自内心的肺腑之言:"我喜欢这样的活动""我好开心""让我感动",这都是对主题式综合活动最美、最真诚的诠释。

（4）让每一颗星都拥有自己的天空

学生在主题式综合课程中,玩中学、玩中乐。在任务的驱动下,他们完全融入主题式综合课程的场景中,自主参与活动、自主体验、自主表达意愿,这样的情景随处可见。在教师们精心设计的活动场景中,如服饰馆的《手指人物》、礼仪馆的《五彩哈达》、地形馆的《可可西里地形》,学生们尽情地体验,并带着问题自主探寻各场馆的奥秘,还可为自己喜欢的场馆点评、说说心里话。最终产生了6个最佳场馆,30人次荣获"场馆小达人"称号。

（5）唤醒生命中的诗意与美好

学校"民族融乐"课程在实践中,独创了回民小学特有的"家"文化系列主题活动。该活动从"我与自然"这一维度出发,通过以文化人的育德策略,将回小特有的民族文化元素融入低年级主题式综合活动"可可西里我的家"这一主题之下,并在全校开展体验活动。回小师生得以在"民族融乐"课程——"可可西里我的家"主题式体验活动中成为课程实践的主人。如今"可可西里我的家——奔跑吧,藏羚羊"活动,已成为师生心目中具有"融乐"精神的未来学园的最美原型。

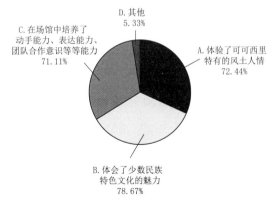

"可可西里"主题式综合活动学生体会研究调查成果

2. 校园文化浸润

文化是一个国家、一个民族的灵魂，校园文化则是学校的精神标识。回民小学在校园文化创建中力求营造一座茶香氤氲、人文气息丰盈的和谐校园，以此推动学校民族教育的深入发展。

在"民族融乐"课程实践中，我们为校园文化赋予了鲜明的民族特色和回民特质，打造民族教育特色的学校文化，从而整体提升学校教育的品质。在回民小学，学校文化并不只存在于理念和价值中，还具体体现在与办学理念相一致的校园空间环境及其创意项目的设计和实施中。走进回民小学，始终给人一种"绿"意盎然，精致、清新、温馨的感觉。在黄浦区发起的小学空间环境创意设计项目中，回民小学以"营绿色长廊文化，创崇本融乐校园"为主题的校园文化建设活动为其贡献了一批亮眼的成果。多年来，学校都在努力探索和实践独具特色的环境创意设计，每一次都紧扣学校"崇本长廊"文化的主题，分别创建了校门旁的"快乐逍遥廊"，一楼的"茶香墨香廊"，二楼的"游乐伊甸廊""遇见未来廊""博雅书馨廊"。毫不夸张地说，回民小学的每一条长廊都浸润着学校崇本教育的绿色文化。

"崇尚本真"校园文化建设典型案例

让校园的每一堵墙散发着家文化魅力

校园文化的创建要为学校的崇本绿色教学教师素养项目、民族融乐课程的建设保驾护航。学校用心做好校园的显性文化，就是能让校园的各个区域都会说话。从"廊"文化建设，"崇本星舞台""融乐科创馆""分享倾听室"的整修，"教师文化屋"的布置,"温馨乐餐厅"的改造,到"回小融乐门厅"和"萌动音乐坊"的改建,我们将校园的环境育人坚持到底! 小而精致、精而有品,处处彰显学校崇尚本真的文化底蕴和育人价值。教师们带着愉悦的心情走进课堂、去感染学生,让每一位教师诠释职业追求,让每一位教师代言组室文化。

学校环境是学校"民族教育"文化的体现,是实施崇本教育、彰显学校"打造民族教育特色学校,丰富崇尚本真学校文化"办学理念和文化底蕴的"舞台"。校园文化的创建,就是为每个孩子培植一片温暖的文化土壤,播下一颗创新的种子,让他们的梦想生根发芽、长成参天大树。文化需要长期浸润,教育需要回归本源。为此,我力图将回民小学办成一所有温度的学校,将办学理念"民族情,中国心,世界眼,自然美,家庭和"无痕渗透在学校的"民族融乐课程学生发展项目""崇本绿色教学教师素养项目""根植崇尚本真校园文化项目"中,致力于成就不一样的学生、不一样的教师、不一样的学校!

3. 教师跨学科教学、学生跨学科学习

与此同时,我也强调立足课堂,开展教师专业素养提升的建设,鼓励教师勇于探索、改革教育教学方式,推进教育教学实践创新,不断提高教师教书育人能力。在课程实践中,我也鼓励教师们通过主题式学习、综合式学习、跨学科学习等创新教学形式,突破单一学科的局限,促进学生的迁移性学习。在学校、在课堂,面对复杂的、不确定的现实生活情境时,学生能够综合运用特定学习方式所孕育出来的(跨)学科观念、思维模式和探究技能,结构化的

（跨）学科知识和技能，以及世界观、人生观和价值观在内的动力系统，分析情境、提出问题、解决问题并交流结果，从而提升问题解决能力、创新创造能力等核心素养。

低年级主题式综合活动中的"教师协同跨学科教学"案例

让每一位教师成为课程设计师

根据"上海市低年级主题式综合活动指导意见"的要求，学校对小学低年级主题式综合活动进行整体设计。如《奔跑吧，藏羚羊》就来自校低年级主题式综合活动课程方案中，教师们对其进行了同课异构，分别在一、二年级中落实。在活动目标及内容的确立与设计中，针对不同年级、不同学科的课程标准以及学生的特点与认知，教师们的课程设计既有区别、又有递进，以体现低年级主题式综合活动的整体性与层次性。一年级侧重于认知基础上的情感激发与实践体验，二年级侧重于思维基础上的自主探索与表达。从课程设计到课程实施，教师们始终围绕主题展开，并精心设计互为关联又依次递进的任务串，提供适时的反馈、激励与引导。此外，教师们还体会到了学习者差异性，关注到不同学生的多维度发展，使每个学生能在初步感知——观察实践——创意呈现的活动过程中，获得不一样的学习经历、体验与成果。

让每一位教师成为课程主导者

在主题式综合活动课程中，学生们在教师的带领下，徜徉在不同的学习空间里，开心地玩、有趣地学、动手做、动脑创。长期习惯于主导单科教学课堂的这群老师,开始慢慢有了培养学生创新精神、实践能力等核心素养的思维高度。学生和教师都被激活了,问题引领、任务驱动、情景化教学,这些创新教学方式在实际应用中对课程教学生态发生了显著的冲击,师生教与学的状态发生了惊人的变化。崇智乐学的教学实践和研究促使教师尝到了开展主题项目学习的甜头,并成为课程设计和实施的主导者。

第二节　民族融乐课程的评价与激励

一、评价目标

义务教育阶段课程方案指出,要关注每一个儿童的成长,培养他们对生活的积极态度和参与社会的能力,成为有爱心、有责任心、有良好行为习惯的人。同时,有效的教育必须采用儿童乐于和适合接受的、生动活泼的方式,帮助他们解决现实生活中的问题,为他们今后人格的和谐发展与完善奠定基础。对照课程方案,不难看出,其所关注的学生能力以及习惯培养,都与我校的办学理念、办学目标、育人价值观不谋而合。

我一直认为,学生的能力培养和习惯养成,对于小学阶段的孩子来说是十分重要的。我也引导教师们在课程实施的过程中,注意把握这些要点,在课题的融系列、乐系列中通过校本化课程评价的方式,将学生的品德发展、学业发展、身心发展、兴趣特长等方面融为一体。构建回民小学"民族融乐"课程评价标准,通过"五爱五会民族娃"评价体系,开展多元化学生素质评价。让学生通过在课程实践中的行为表现来证明自己的学习过程和结果,并对他们做出客观评价,发挥综合性评价的激励、支持、教育作用,丰富学生的学习生活,完善他们的道德修养,促进学生知、情、行的和谐统一。

二、评价原则

课程评价是根据一定的标准和课程体系的信息,运用科学的方法对课程产生的效果做出的价值判断。结合学校的评价理念和目标,我设定了在实施中需要遵循的几个评价原则。

1. 均衡性原则

根据课程标准要求,依据学生身心发展的规律及认知规律和学科知识的内在逻辑,我们应当把课内外、学校与社会联系起来,把间接的书本知识学习和直接经验体验结合起来,为学生健全人格的形成以及态度、能力、知识等方面的学习与发展创造条件。为此,我认为,在评价方式上,应当注重均衡化发展。

2. 整合性原则

课程标准要求我们注重学生经验、加强学科渗透。落实到评价方式上,我们要改变过于强调学科本位的现象,关注知识点之间的关联,丰富评价方式,向多元化、全面化发展。

3. 选择性原则

根据课程标准要求,学校课程评价必须具有灵活性,以多样化的学习方式促使学生经历富有个性的学习过程。总之,课程评价不仅要为学生的共同发展奠定基础,还要注重学生的个性发展。

三、评价内容

对照学校"民族融乐"课程的课程目标，我们设计了"民族融乐"课程"五爱五会民族娃"的具体评价内容。

民族融乐课程"五爱五会"评价(各科细则)

评价目标	评价维度		评价要求
	目标维度	目标涵义	课程评价细则
五爱(从社会主义核心价值观、育人价值观角度界定)	爱民族	1. 民族伟大——知道中华民族是个伟大的民族。了解我国是个多民族的国家。 2. 民族多彩——了解中国丰富多彩的民族文化，和各民族的同学一起快乐地学习、生活。喜欢优秀的中华民族文化，具有文化自信，能传播弘扬中华优秀传统文化和社会主义先进文化。	1. 通过课程学习，了解中华的历史悠久、文化灿烂。感受新中国建设的伟大。 2. 通过课程学习了解中华民族各民族文化的相关知识。 3. 通过课程学习，能交流或展示自己知道的民族习俗和相关知识。 4. 知道我有各民族的同学，尊重不同民族伙伴的生活习俗。
	爱中国	1. 国家伟大——形成国家认同，具有国家意识，了解国情国史历史，认同国民身份。理解、接受并自觉践行社会主义核心价值观。 2. 党的伟大——了解中国共产党的历史及其光荣传统，具有热爱党、拥护党的意识和行动。具有中国特色社会主义共同理想，有为实现中华民族伟大复兴中国梦而不懈奋斗的信念和行动。 3. 人民伟大——热爱勤劳智慧的中国人民。	1. 知道中华人民共和国国家历史常识。 2. 知道中国共产党领导下的新中国是个伟大的国家。知道党的光荣革命传统。 3. 熟记 24 个字的社会主义核心价值观，并知晓其涵义。 4. 认识到中国人民勤劳智慧，希望做可爱的中国民族娃。 5. 了解家乡发展变化和中华优秀传统文化。

续表

评价 目标	评价维度		评价要求
	目标维度	目标涵义	课程评价细则
五爱（从社会主义核心价值观、育人价值观角度界定）	爱世界	1. 世界宏大——具有大格局、世界眼光；具有全球意识和开放的心态；能尊重世界多元文化的多样性和差异性。 2. 世界多元——积极参与跨文化交流；关注人类面临的全球性挑战，理解人类命运共同体的内涵与价值等。有探索世界的好奇心和能力。有向世界展示能力的自信。	1. 在本土文化的基础上，培养国际视野、了解一些国际规则。 2. 体现国际视野，以及和平意识和共建共享意识。 3. 对世界文化感兴趣，能恰当展示。
	爱家庭	1. 家乡和美——热爱学习、生活的区域（市、区、街道、学校、班级、家庭）。知道相关的历史、人文知识。 2. 校园和谐——积极创建绿色家园，营造家庭美，感悟守秩序、美环境的校园充满了和谐美。 3. 家庭和睦——将自身素养品质反映在家庭中。	1. 热爱上海、热爱黄浦，能知晓市区的文化理念。 2. 积极参与校园环境创设。 3. 在本学科的引导下，形成良好的校园文明礼仪。理解课程中涉及的道德规范和文明礼貌，初步形成规则意识，养成良好的行为习惯，形成诚实守信、友爱宽容、自尊自律、乐观向上等良好品质。 4. 在自己的家庭中，积极传播"家庭和"文化。

续表

评价目标	评价维度		评价要求
	目标维度	目标涵义	课程评价细则
五爱(从社会主义核心价值观、育人价值观角度界定)	爱自然	1. 自然美丽——热爱大自然。具有发现、感知、欣赏、评价自然美的意识和基本能力;具有表达自然美的意识。 2. 自然保护——和兴趣;能在生活中拓展和升华美;知道环保知识和基础技能。热爱祖国的河山、了解相关的人文知识。	1. 通过学科感受大自然的美,知道与本学科相关的自然知识。 2. 具备保护生态环境的意识,知道保护自然的方法(茶叶渣垃圾分类,竹笛课欣赏自然美的曲子等)。 3. 热爱自然、珍爱生命。
五会(从学校特创的"民族融乐课程"所包含的科目来界定)	乐探究	对待问题——对待课程学习过程中的各类问题,能够善于发现、提问。	1. 充满好奇心,对问题乐于探究。 2. 有探究的能力,会综合运用各种技巧进行探究。
	乐操作	对待技艺——对于课程相关的技艺,乐于模仿、练习,从而形成技能。	1. 具备本科目所涉及的操作技能,乐于操作实践。 2. 能通过专技操作解决问题。
	乐合作	对待他人——在课程活动中,乐于团队合作,乐于和伙伴协作、分享。	1. 能与伙伴分工协作。 2. 能分享思想、技能和成果。 3. 能帮助伙伴,共创成果。

评价目标	评价维度		评价要求
	目标维度	目标涵义	课程评价细则
五会（从学校特创的"民族融乐课程"所包含的科目来界定）	乐表达	对待自己——在课程活动中，能自信、流畅地表达自己的思想和学习成果。	1. 会用语言表述本学科相关知识与技能。 2. 会综合运用各种方法表达自己的思想、习得的技艺或研究成果（表演、展示、网络、小报、故事等）。
	乐活动	对待活动——在课程活动中积极、快乐、有序。	1. 对待项目活动有积极性，情绪饱满。 2. 能专注于活动项目，坚持完成。 3. 能守规则、有序地在团队中进行活动。

四、评价类别

评价点	涉及内容及方式
评价形式	实作（学习单、小报、资料汇集、小报告）、表现（社会实践、小故事）、档案袋等都可以成为评价的内容，以多模态学习成果呈现的方式充分挖掘学生的各项潜能。
评价主体	1. 学生本人（自我评价） 2. 同伴（相互评价） 3. 教师（指导性评价） 4. 家长（参与性评价）都可以成为评价者。
评价时限	1. 适时性评价 2. 阶段性评价 3. 终结性评价
评价方式	1. 嵌入式评价 2. 分享式评价 3. 展示式评价

根据课程目标，结合学生在学科学习、生活实践、探究创新、审美意识等方面的表现，学校确立了"民族融乐"之"五爱五会"评价方式，以回民小学小护照为评价载体，在学生、教师、家长共同参与

评价活动的互动构架下予以实施,让评价伴随学生的学习全过程。同时,在评价过程中,针对学生的学习能力,制订了科学、可操作的评价标准,促进学生对所学习的内容进行回顾、反思和总结,让评价成为学习经历的一部分。

五、评价重点

学校在课程评价中重点关注课程开发的合理性、科学性、人文性;关注教师课程的设计能力、执行能力;更关注学生良好的人文素养、宽厚的知识素养、浓厚的探究欲望、亮眼的爱好特长。以此为目标,促进学生自我认识、建立自信、发掘潜能,成为具有回小品质的学生。基于评价中的关注点,我认为,"民族融乐"课程评价应当从知识、能力、情感三维目标出发,对应学校课程目标的达成度,重点关注学生在学习过程中的参与性,以评价改革促使学生自愿参与、主动参与到深度学习中。

1. 关注知识目标:以问题为主题,强调学科融合

我们以"民族融乐"课程之"五爱五会"——印童年板为探究载体,以学生感兴趣的问题为主题,进行跨学科实践活动。强调不同学科知识学习的相互配合,以达到提高学习效率的目的,最终实现不同学习阶段、不同学科课程的相互配合,达到学科交融、教学优化、提高效率的目的。

2. 关注能力目标:借助实地走访,促进知识迁移

我们也开展丰富多彩的社会实践活动,借"茶艺飘香""阿来上海"等区域共享精品课程之力,有效支撑学校"民族融乐课程"的办学特色,让学生在课程实践的过程中,从校内走向校外,把知识的

积累转化为自身的实践能力,转化为学校"乐智、乐融、乐行"共享资源。

3. 关注情感目标:深化文化内涵,积蓄美好情感

在民族融乐课程的内容选择上,我们着眼于学生情感、态度和价值观的培养。为此,评价不应过于注重知识的掌握程度,而应注重学生对课程内容的文化内涵所表现出的情感、态度、价值观,以便在评价过程中积蓄美好的情感、强化文化意识,形成对国家、民族的归属感。

特色课程自评表

指标	观测点	评分	举例说明
成长率(每点 5 分,合计 20 分)	(1) 有三年及以上学校课程实施经历; (2) 已被评选为学校特色课程; (3) 指向于学生发展核心素养; (4) 课程要素完整,主要包含课程概述、课程目标、课程结构、课程内容、课程实施、课程评价等要素。	20	
满意率(每点 5 分,合计 20 分)	(1) 课程能满足学生成长需要; (2) 所任教的学生满意率在 80% 以上、不满意率 5% 以下; (3) 课程模块具有可选择性; (4) 教师能开设区级及以上展示课。	20	
示范率(每点 5 分,合计 20 分)	(1) 课程在学校有示范作用; (2) 能组成 3—5 人或以上团队开展研究; (3) 课程科目内容不断优化; (4) 能参与区域课程的协同开发。	20	

指标	观测点	评分	举例说明
影响力(每点 5 分,合计 20 分)	(1) 在区内外的影响张力扩大; (2) 在本区 3—5 所或以上学校共享; (3) 能组成 5—10 人或以上团队开展研究; (4) 课程自身体系结构不断优化。	20	
文本表述(每点 5 分,合计 20 分)	(1) 语言表述规范流畅,层次分明; (2) 文本要素之间具有一致性; (3) 文本结构符合整体要求; (4) 文字通俗易懂。	20	
总　　计			

注:(1)每个指标只需填写总分。(2)如果举例说明有困难,不填也可以。(3)总计为各个指标的分数之和。

六、评价方法

在"民族融乐课程"实践过程中,我们积极尝试嵌入式评价、分享式评价、展示式评价等多种评价方式,对学生参与过程中的学习态度、合作精神、探究精神与学习能力、收获与反思进行适切、科学、全面的评价。

1. 嵌入式评价

在课程实践中,不同学科的教师抓住教材中的共同点,进行了有益的整合;此外,教师们还根据教学实际情况,灵活运用不同的方式,对学生在学科活动中的表现进行即时评价。

如在《茶艺飘香》特色系列"小茶人乐游老茶馆"中,根据学生的兴趣,以音乐、美术、探究等学科为切入点,教师们整合了多门学科,开展了广泛的、多领域的探究活动。多学科、多维度评价使课程充满了生机与活力,大大提高了资源开发利用的效益。

"小茶人乐享茶馆"科目评价表

场馆名称: 日期:

姓名		
过程评价	你学到了什么?	
	你最喜欢哪一个环节的活动?	
	你有什么话要与小伙伴分享?	
	你最想说的话:	
总评价 (最佳5颗星)		

2. 分享式评价

在分享学习内容和学习成果时,教师们尝试借助学习任务单的形式进行无痕分享,并组织学生开展交流活动,同时完成评价单。

如在《民族融乐印童年"第一季"》主题活动中,为了让学生充分体验课程带来的快乐,学校"大手笔"地开出了18门课程,每个学生拿着活动任务单、活动菜单游走于自己喜欢的课程之中。活动结束后,每个学生都回到班级进行交流分享,写下自己的感言和体会,或者自己的心里话。我们可以自豪地说,这些"心言心语"都来自学生、家长、教师。

3.展示式评价

在我看来,学生犹如多棱的宝石,从不同角度、不同侧面都能发出璀璨的光芒。为此,教师要善于发现并挖掘学生的优势,为他们创设展示自我的舞台,使他们获得自信与成功的体验,激励学生不断进步。每年的元旦期间,学校都会开展课程嘉年华活动,每门课程的参与学生都会在这个舞台上进行展示。"回小小达人""我最喜欢的课程"等都会在这里涌现。

总体而言,回民小学"民族融乐课程"评价体系,对民族文化与学科知识进行了深度统整,整合了校内与校外、课内与课外的相关资源,致力于让学生在课程体验中发掘自己的潜能和优势,获得成功的体验。从而促进每个学生综合素养的提升,以及身心健康的快乐成长。

第三节 民族融乐课程的管理与保障

一、课程的管理组织

如果把一所学校比作一个生物有机体,那么其中的许多个职

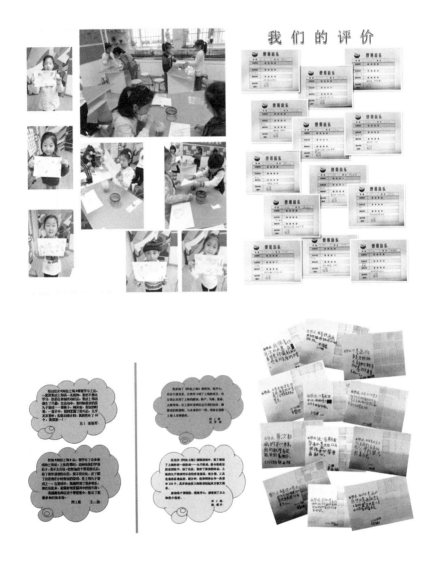

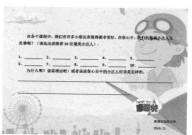

能部门就像由这个生物体的细胞膜分割出的若干不同区域。各部门之间有效流通的信息、资源、构想及能量就相当于生物体所需要的氧气及各类营养物质。随着学校"民族融乐"课程研究的不断深入,我领衔构建了自主管理网络,搭建了互动发展平台,保障资源共享,形成跨界课程管理模式,为课程的研究和实践提供了无限的发展可能。

学校课程管理结构。总体而言,回民小学的学校课程管理结构是这样的:校长作为总策划建立课程发展核心组、课程实施研发组、课程综合研究组、课程实施保障组。其中课程发展核心组由校长、分管领导、课程教导、课程负责人共同组成。课程实施研发组由专家、分管教导、拓展、探究教研组长、课程教师代表组成。课程综合研究组由学校各课程负责教师组成。课程实施保障组由学校教师、家长、社会相关合作负责人等组成,见下图。

为了将学校课程顶层设计的宏伟蓝图切切实实转变为教师日常的教学实践,还必须为师生提供多种保障措施,包括思想保障、组织保障、管理保障、制度保障。

在思想保障方面,加大课程的宣传力度,强化宣传对落实课程规划、形成全校共识、鼓励教师参与的保障功能。首先,我领衔制

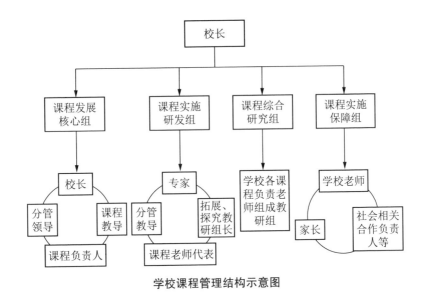

学校课程管理结构示意图

订了学校课程的总体规划,参与其中的各部门结合课程内容制订其所负责的课程的具体规划,用这种方式实现自上而下、自下而上相结合的课程管理,并在各种场合向外推介,以提升学校教职工对民族"融乐"课程的整体认同感。通过课程规划的制订,学校管理的重心也进一步下移,不仅形成了校本管理的局面,而且真正落实了以人为本、以教师为本的管理思想。其次,我还采用各种形式、在各种会议上、利用各种机会力图让每个教师都有机会了解课程、理解课程,并借机调动全体教职员工的积极性,促使他们主动参与课程的实施,激励他们在课程实践中努力达成自己的专业发展目标。最后,我还深入学习和研究教师专业发展、学校文化建设、学校课程管理、课程教学改革等各方面的前沿理论与实践模式,力争用科学的方法普及、推动课程规划的落实以及教师专业的成长。

在组织保障方面,为提高学校课程目标的达成度,我特地组建了课程实施的领导小组,校长为组长和第一责任人,副校长为副组长。并建立了课程负责人制,各专业职能部门负责人为课程制订的参与者和实施者,明确各项工作的部门、人员以及责任人,分工明确、责任到岗、责任到人、形成合力,学校为此提供人、财、物的基本保障。同时,我还充分发挥学校党支部、团支部、工会和教代会的模范带头作用,通过他们协调、组建由教师代表、职工代表、家长代表、专家代表、社区人士等组成的规划执行监督小组,检查并保障计划的认真执行。

在管理保障方面,我在学校管理层中建立了温馨的管理机制,让教师们得到持续、有效的专业成长。我也一贯倡导管理就是沟通、服务和引领,从而使得学校管理重心不断下移,领导层深入一线,与教师一起研究、一起解决问题、一起分享成功与快乐。在我看来,学校管理就是要让教师加深归属感和主人翁意识,从而更乐于奉献和创造;也让每个人都找到自己的位置,使得每一个教师都打心眼里喜欢每一个孩子,打造绿色的课堂,让孩子学得轻松、快乐、自信、成功。

在制度保障方面,我建立起了计划、检查、反馈、调整、评价等的循环机制,进一步完善各项规章制度,使制度管理精细化、规范化、常态化、制度化。主要包括:修订、完善学校实施"崇本教育"管理规章制度;探索"融乐园"有效实施运行制度;健全监督评价制度,监督评价要做到自评、互评相结合,并在课程实施过程中不断调整;深化学校人事与绩效工资制度改革,通过设立专项奖励完善激励机制,如:项目成果奖励、进步奖励、校本课程等特色汇编奖励,以及对于学校课程实施成效显著的教师给予必要的奖励。

二、教师的专业发展

1. 转变教师的课程角色

站在学校发展转型的新阶段,亲身感受着教师们如火如荼地参与民族融乐课程的实践,我深刻地意识到,教师的专业发展是推动课程实施,也是学校转变育人方式的关键力量。为了促使教师朝着更美好的教育未来而努力,我在课程实践中给教师们创设了良好的发展环境。专家指导方面,我先后多次请到国家督学杨国顺到校进行"回民小学民族教育之新的内涵发展"的全员培训,从不同视角来阐述回民小学"五大回归的新含义"。杨老师也充分肯定了回民小学的课程规划以及未来发展方向,并表达了殷切的期许。此外,我也充分发挥校本培训的作用,在全体教师中以项目化学习的方式开展研讨和学习,激励和指导教师们寻找生活化素材,为设计课程做好充分准备;帮助教师们树立正确的课程意识,努力成为课程的开发者、实践者和校验者;同时,以现场教研的方式督促教师们积极参与课程实践,通过试水建立对课程整体构架和实施策略的初步认识。就这样,通过我循序渐进地引导和培训,教师们经历了各种形式的观点磨合和思维碰撞,渐渐地将自我的角色从学校课程的执行者转变为课程的创意设计者。

2. 构建新型协同教学模式

以前,回民小学的教师之间缺乏合作与沟通,容易形成在实践中单打独斗的局面。诚然,教师是专业工作者,对课程与教学拥有很大的专业自主权,但在核心素养教学所需要的协同教学新模式面前,我还是深深感觉到,教师的专业素养库应当扩充了,必须将跨学科、跨部门的沟通能力、交流能力、合作能力都囊括进来,否则无法适应新时代对他们提出的新要求。为此,我在校内加强了课程实施培训,以学校"茶韵飘香"特色课程作为载体,以课程实施团队为对象,进行以《"茶艺飘香"提升学生学力的整合式课程学习》为专题的校级教研活动,鼓励教师们拆除领域、科目的心理高墙,主动走入其他科目或领域的教师群,相互尊重与了解,以便寻找更多合作的契机。并为教师们亲身示范,如何在自己非专业所长之处寻求支援、善用资源、相互帮助、彼此尊重;如何在课程设计中围绕同一个主题统整各个学科、凝练聚焦性强的课程目标。毕竟这种全新的协同教学模式要求教师们突破学科边界,改变教学方式,开展共同体教学。如今,这种基于学科又超越学科的协同教学模式已经成为回民小学教学的新范式。

3. 营造良好的教研文化

教研文化是由教研组中的成员自觉的精神和价值观念体系融合而成的。在"民族融乐"课程实践中,典型的做法是,在校内,课程教师发出邀请,多学科教师以伙伴结对、自由组合的方式共同参与、组成教研组。大家一起找资料、互相学习,经历一次次头脑风暴,最终形成课程设计框架和模块。在校外,我会依托教育协作块的场馆课程资源开展协同教研,拓宽共同研修的优质资源平台,使得协同块内优质学校、优秀教师的资源能够得以共享。这种跨校教研极大地提高了学校课程团队场馆课程开发的能力和课程实施的执行力。

三、课程资源的挖掘

学校课程实践活动是学校与家庭、与社会沟通的桥梁，为此，我们一直致力于借助课程实践优化育人环境，形成育人合力，为学生创设与社会生活紧密相连的学习情境，构建充满活力的民族融乐课程的实践网络。另外，我也注重充分挖掘课程资源，不断丰富学生不同层次的课程感受与体验。

1. 协作块资源共享

每所学校的课程开发、设计、实施都既基于学校特有的文化，又需要外部的智力支持。回民小学的"民族融乐"课程就在借力协作块内曹光彪小学"《玩转上海》场馆课程建设"项目的资源中持续不断地发展。学校通过走出去、请进来的方式充分满足了不同层面学生的需求。学校还先后举行了《融乐印童年》课程展示活动，"非遗传承，文化匠心"展示活动，德育共享课程等活动，邀请兄弟学校的师生们走进回民小学融乐校园。同时，回民小学的师生们也来到曹光彪小学场馆课程市级展示现场进行交流，来到七色花小学"丰子恺"漫画课程、董家渡路第二小学的"民俗情"课程等进行体验。通过校内、校外相结合的课程体验，回小学子们开阔了视野，提升了参与课程学习和研究的兴趣；并且在课程实践中，变得更为积极和主动。

2. 在地文化资源共享

黄浦区回民小学毗邻豫园湖心亭，历史文化资源丰富。为了让学生们能在实践中得到锻炼，也为了他们能切切实实地经历真实性学习，学校借助湖心亭这样一个有着丰厚文化底蕴的在地文化资源,开展茶文化体验活动。例如,在学校"茶韵飘香"课程的一个场馆活动——"小茶人乐享茶馆"中,我们就尝试着带领孩子们亲赴现场,进行沉浸性在场学习。但是在实施的过程中,我们也发现,由于湖心亭茶馆是一个商业经营的场所,每日的客流量很大,要接待大量的中外游客,这给我们前期的课程实施带来了困难,学生的实践活动得不到充分保证。

在这样的情况下,我们又把"小茶人乐享茶馆"的湖心亭模拟场景延伸到校内,创设"湖心亭"这样一个茶馆情景,让学生置身于真实的茶馆环境中去学习和体验。这样的场景创设,给学生带来了别样的体验和感受。同时,学生还得以将校内习得的技能到湖心亭真实场景中去演练、实践,又将湖心亭中感受到的知识、技能运用到校内的教学活动中,让学生们学会和伙伴们分享、交流。这种打破校园围墙、连接正式学习与非正式学习的协同教学模式,给学生提供了更为丰富的学习体验。

其后,我们还以湖心亭为实践点,以豫园为面,以"小茶人乐游场馆"为实践载体,不断挖掘豫园周边丰富的在地文化资源。通过情景学习、实地寻访、分享评价,不断丰富"小茶人乐享茶馆"的内涵。在课程实践中,通过吸引学生们参加说一说"绿波廊茶点"、找一找"上海老茶馆特色"、画一画"湖心亭茶楼的茶馆建筑"、品一品"心中的好茶"、辨一辨"老上海特色茶壶"等活动,促使他们在课程实践的过程中丰富学习经历,体验乐享老场馆的快乐;并且,通过真实场馆内的情景实践,促进学生校内场馆课程的自主践行。这样的学习过程是一次次难忘的"场馆旅行",在"旅行"中,学生学会观察、学会表达、学会沟通、学会分享,学会更好地建立良好的合作关系、生生关系、师生关系。既给学生带来别样的经历,也给教师带来别样的教学方式。

3. 社会合作单位资源共享

黄浦区回民小学在 2019 年就获得了"上海市非遗传习基地学校"荣誉称号。学校在非遗文化传承的实践中,紧紧依托社会各方共享单位的资源,不断丰富"民族融乐"课程的内容,使其实施渠道更加广泛,学生的拓展舞台更为广阔。学校先后与上海恒源祥(绒绣课程)、上海木偶剧团(木偶课程)、上海昆曲团(昆曲鉴赏课程)等单位合作共享,授课教师在每周五的课程活动时间来到学校,带领学生们开展主题学习活动。同时,这些专业领域的教师还会积极发挥各自的资源优势,带领学生们参加市区木偶艺术节,"我们的节日清明绣红旗",进近非遗(绒绣)传人,十四、十五届上海市教育博览会,上海武警部队活动,上海非遗文化——大世界传习表演,上海木偶剧团寻访等多姿多彩的社会实践。在这些活动中,学生们会遇到不同层次、不同身份、不同年龄的对象,活动的空间也变大了很多。得益于这些校外导师的资源,他(她)们才能以回小学子的身份与不同对象交往,在实践中获得了多方位角色互动的社交技能,并拓宽了视野。

这种超越校园空间与时间的课程实践,让回小学子体验了人情世故,学会了社会交往规则与礼仪,同时也开阔了视野和胸襟,学会尊重他人、关心社会。与此同时,学生的自尊、自信、自控、忍耐、坚毅等品格也得到了锤炼,自身价值得到了提升。"乐自中出,礼自外作",一名快乐的回小学子,就是一个人格健全、体智健康的礼乐学子。社会实践活动带给学生不一样的感受、不一样的实践经历。现场真实的感受和反馈,知识的融会贯通并在实践中运用,这种全新的"跨学科整合式学习"模式不但让回小学子耳目一新,也让他们在体验中获得心智的充盈成长。

第八章 "礼乐"学子养成记

三年的行动研究下来，甘苦自知，但收获满满。民族融乐课程的规划、开发和实施，在回民小学的多个领域都激起了创新的火花，并产生了深远的"回响"。从学校品牌与文化的再造、教师专业发展的文化自觉到回小"礼乐"学子的养成，无不深深打上了民族融乐课程的烙印。

第一节 学校文化的品牌再造

一、办学理念的深化

现代学校治理模式下，政府赋予了学校更多的办学自主权。学校可以根据自身的历史文化背景、师资队伍、生源情况，寻找适合自身发展的道路。而确立一个能统领学校工作的龙头课题，可以使得学校的发展目标更加明确、更加聚焦，实施起来也更加规范、更加科学。

《"民族融乐"课程开发与实施研究》就是这样一个龙头课题，

在研究与实践的过程中,我们始终坚持将课题研究与整个学校的变革和发展相匹配,促使学校改进办学理念,提升办学质量,追求更高远的教育愿景;同时,学校办学理念与办学愿景上的飞跃,又反过来保障了课题研究的顺利进行。

二、办学特色的明确

课程改革赋予学校更多的办学自主权,然而,学校的工作千头万绪,如何使学校方方面面的工作不再各自为政,而是协调、有序推进,成为学校自主办学的关键所在。当下,教育发展的规律要求每一所学校都要根据自身的文化基因梳理发展路径,打造学校特色品牌,办有思想、有灵魂的学校。品牌的建立对内可以凝聚全体教师的人心,确立共同努力的方向;对外可以树立学校良好的社会形象,为学校的进一步发展赢得更大的空间。

为此,我一直在课程实践中努力塑造学校品牌、凝练办学特色,也取得了一些成绩。民族融乐课程实施至今,学校参与市级展示交流、课题立项及所获荣誉奖共计 32 项。区级展示交流 22 项,校级重点项目在区级层面推广的有 9 项。

此外,学校在民族融乐课程的推行过程中,也获得上海市首批优秀传统文化——非遗传习研习基地称号、黄浦区新优质学校称号。并先后于 2017 年、2018 年连续两次代表黄浦区参加上海市第十四届、十五届上海教育博览会课程成果展示,获得专家们的一致好评。原市教委领导王平专程来到回民小学展台进行观摩、频频称赞,评价学校特色课程有亮点、有韵味。市级课题、区级重点课题《民族融乐课程的开发与实践研究》也获得了专家组的高度认可,他们表示:该课题充分凸显了学校的办学理念、育人价值、文化特色等新亮点,脉络清晰、独树一帜。

交流推广方面,回民小学在上海市提升课程执行力——曹光彪小学教育协作块课程展示上进行了"茶韵飘香伴童年"交流展示,在市级"民族融乐润童心,绒绣进校园"专题研讨会上参加了发言交流,在区"慧创空间,助力成长"教学节的校长论坛上进行了经验分享。区《名师助力,成就不一样的我》德育名师工作室汇报中还专门推荐了《茶韵飘香》德育特色课程。

辐射社会影响力方面,回民小学以主打的"非遗进校园传承式课程"为载体,与上海市木偶剧团、上海恒源祥有限公司、上海昆曲团等单位建立合作共享关系,共同为传承文化与经典而努力。相关活动得到了上海市新闻频道、综合频道、上海市东方网、上海黄浦以及黄浦教育等媒体的重点关注和专题报道。学校历年来积累了重大活动市区新闻报道近 30 多篇,体现出回小课程建设出色、出彩、出圈的深远影响。

第二节　教师自觉的专业发展

一、教师反思意识明显增强

曾经有一位专家这样说过:"上三年的课你成为不了名师,但是如果你能认真反思自己三年中每一堂课的教学,也许就能成为一位名师"。可见,反思对于教师来说是多么重要。在《民族融乐课程开发与实践研究》课题推进的过程中,我校教师开始改变长期以来形成的"只顾埋头赶路,不顾回头思考"的教学行为,把反思贯穿于课题研究的每一个阶段。他们作为学习共同体中的一员,共同探讨研究中的得与失,经验与教训。课题的研究与经验反思成为学校领导和教师们一种共同的思维习惯,渗透在学校日常的管理和教学中。尤其让我觉得欣慰的是,教师们能够通过反思,不断尝试和运用协同教学、跨界合作,从而得以掌握"打破学科边界"的教学模式。这种基于学科又超越学科的新模式,也让教师们感受到了合作团队的神奇力量。

二、教师育人理念发生了质变

《民族融乐课程开发与实践研究》课题的实施,也改变了教师传统的、以传授知识为唯一目的的教学方式,转变为更多地关注学生学习能力的养成。知识的获取不再成为学习的最终目的,培养学生运用知识解决生活中的实际问题成了教师们的着力点。智力不再是决定学生学习效益的决定性因素,教师们更多地关注非智力因素,引发更多学生的探究兴趣。学生学习方式活动化、学习场所情景化,其获得的知识不仅仅依靠教师的传授,而更植根于家庭、社会、协作块、社区等更为广阔的学习天地。而学生通过自主探究,不仅获得了实践性更强的知识,也在融合式探究学习中,充分进行着知识网络以及自我身份的建构。近年来,回小学生参与课程实践的成果颇丰,他们代表学校参加全国、市级课程展示或比赛获奖 18 次,参加区级展示比赛获奖 10 次,还有 300 多人次参与市、区两级推广活动。

教师案例 1

我的课程我做主

课程是指学生所应学习的学科知识总和及其进程与安排。广义的课程是指学校为实现培养目标而选择的教育内容及其进程的总和,它包括学校教师所教授的各门学科和有目的、有计划的教育活动。狭义的课程是指某一门学科。课程包括文化课程、活动课程、实践课程、隐性课程。文化课程包括国家课程、地方课程、校本课程,活动课程包括阳光体育、大型活动、兴趣小组、社团等学生的自主活动、综合实践活动,隐性课程指的是除了上述几类课程,一切有利于学生发展的资源、环境、学校的文化建设、家校社会一体化等活动。

无论开设了多少门课程,每所学校总归都有自己的核心课程。回民小学的核心课程就是民族融乐课程,通过多彩、多元、开放的课程文化,让每个孩子感受到自然、绿色、适切的教育,让每个孩子在民族文化的传承中,感受经典文化、实现思想成长、提升学习素养、促进身心健康和谐发展,为每个孩子插上有民族情怀、能服务社会、适应未来生活的助飞翅膀。

一、超"燃"超"酷"的多元课程,全方位激活学生的"超能力"

多元的课程,就是学生喜欢学习的课程;是学生乐学的课堂,是学生改变学习习惯和行为习惯的课堂;更是我面对多元背景、兴趣迥异学生时实施班级教育的"制胜法宝"。

在每次"中国娃过中国节"4+1主题活动,学生都会以泡杯茶来表达感恩的心情,在重阳节、元宵节、元旦时,他们都会将茶艺课上学到的本领进行表示。现在,更是加入了茶操、武术的动作来教自己的长辈,让长辈也来动动筋骨,活动活动身子。这些课程活动不仅培养了学生们的社会情感能力,教会了他们关爱之心和感恩之情,还成为他们学习动机的"内燃机"。

我记得有一名叫阙谦之的学生,他在各个学科的课堂上,在家里,行为表现都不理想,好动、爱说话、惹是非,但在写书法和画画时,他就能静下心来写和画,学得不错。家长也反映只要做这两件事,他就会耐心地去完成,在区书法比赛中,还获得三等奖;另外,他对阅读很感兴趣,读课外书是他的爱好,当他阅读时,不与别人交流,只沉浸在书的海洋里。还有一名叫陈秀扬的学生,他把学习当作玩玩的事,学习的好坏他无所谓,做事速度很慢,但他的最大特点就是写字工整,每本本子上的字迹都一样。每次临到书法班学习时间了,他就会加快动作完成学习任务,为的是早点到书法班里学习。虽然起点低、动作慢,但通过一年的学习,现在陈秀扬的书法也得到了执教老师的表扬,他也有自己的爱好,并享受到成功的喜悦了!

还有几个学生参加城市少年官活动后,开始在教室里折折叠叠,展示出多种作品,吸引了班级同学。许多学生就跟着他们学,一下子课间活动变得活跃了,也精彩了。有的学会折叠后参加科技比赛,有的学会折叠后用来布置教室环境,还有的折叠剪切后制作成贺卡,作为节日礼物送给长辈,真是一学多用啊。

再如五个竹笛班的女孩子,起初她们都很胆怯、缺乏自信心,但现在,大家看到她们表演时,个个能吹出优美的曲调,人人仪态落落大方。当将这样自信的表现用于班级自我管理中,她们个个成为老师的好帮手。

我班参加兴趣班最多的学生是王宇芯,这些兴趣班都是她自己报名的。本来,她还想报更多的班,我与她交流,让她把机会让给别的同学。而且在多个兴趣组学习并不与她的学习相抵触,她的成绩还是那么好,那么稳定。更让人称赞的是,每个组的学习中,王宇芯都能得到好评,每个组的表演、展示她都没落下,简直是个多才多艺的"小达芬奇"! 王宇芯还是家里的开心果,经常给爸爸妈妈展示她在学校里学到的本领,既融洽了家庭氛围,又获得了新的成长动力。按她的话说,父母的掌声和表扬是她的动力所在,父母的意见和建议是她奋斗的目标。在新年寄语中,王宇芯深情地说:"学校里开了好多超'燃'超'酷'的课程,它们不仅丰富了我的课外生活,为我补充了课外知识,还让我掌握了多种课外'超能力'!"从上面一个个鲜活的案例中,可知多元课程显著激活了学生学习的动机,让他们有机会在小小年纪就能进行"灵魂搜索",找到自己热爱的知识和技能领域。实践导向的学习也提升了学生们的意志品质,丰富了他们的童年生活,融洽了亲子关系,从而助力他们全方位地健康成长。

二、多元课程给学生带来的收获

本学期学校开设了种类丰富的兴趣班,分为城市少年宫活动和社团活动两大类,有排球、跆拳道、茶艺、竹笛、鼓乐、舞蹈、朗诵、合唱、茶拳、学说上海话等。总之,各类课程应有尽有,就是希望能培养学生广泛的兴趣爱好,让他们什么都可以接触到,从中找到最适合自己的、自己最喜欢的。

我们班学生共有 30 人,参加这些兴趣班的有 24 人,达到了 80% 的参与率。全校学生共参加了 45 个兴趣班,最多的一个学生一人参加 4 个班。我认为,只有学生感兴趣的,他们才会积极主动地去学。当然,如果在学习的过程中发现孩子确实不喜欢、不擅长,也不要强求他们坚持下去,而是让学生另外选择。但一般来说,我只在开学初放开调整的名额,尽量帮助孩子找到自己真正感兴趣的内容,然后鼓励他们要多学本领,还要坚持下去、不能三心二意。实践下来,效果还真不错。

比如,有些学生换了兴趣班之后,学习兴趣提升了,收获和成果也多了。在区蓬莱小镇活动中,我校有学生在沪语小学堂"上海话等级测试"时,获得了不错的成绩。在少代会上,我们班大队候选人的才艺展示——茶艺表演,得到了所有代表和老师的赞扬。在学校的迎新庆祝会上,我们班贡献了众多学生参与的丰富多样的表演:有三个学生参与朗诵表演,一个学生参与舞蹈表演,两个学生参与上海童谣快板表演,三个学生参与竹笛表演,一个学生参与皮影表演,一个学生参与新雅乐吟唱,一个学生参与立体纸艺展示,三个学生参与集体舞表演。

而在区集体舞比赛中,我班也有三个学生参加,并获得了评委老师们的表扬。在区科技节比赛中,我班有五个学生参加,并都取得了好成绩。应该说,我班学生的成果已经很多了,但他们似乎还不满足。在新年寄语中,他们对自己都提出了希望:有的希望自己把已学的课程继续下去、并学得更好;有的希望学习别的课程、多学几种本领;还有的希望除了在校内学,还要到校外学,用好课余时间。

多元课程的开发和实施,拓展了学生学习的时空,丰富了他们学习的内容,也为他们带来沉甸甸的丰收的喜悦!

袁培华老师

教师案例2

浓浓上海味 深深民族情

一、课程背景

我校地处黄浦区老城区,在这里分布着许多弥足珍贵又极其丰富的传统文化资源,是上海本土文化的集中体现地,也是上海人文精神的根源所在。此外,我校作为一所民族教育特色学校,学生来自祖国的五湖四海。对于这些初来乍到的孩子来说,上海这座陌生的城市并没有那么容易融入。而其中听不懂上海话是孩子们在上海生活遇到的最大的烦恼。从家长方面来看,虽然有些少数民族家长已到上海工作多年,但是他们对上海的了解也不是很多。平日里忙于生计的家长,也没时间带孩子们出门,家长自己对沪语也只是能够听懂日常对话,但是不太会说。因此,许多家庭虽然已经在上海生活了好几年,可还是对上海的方言、文化等不太了解。

为此,我校从实际出发,充分利用学校地理资源优势,结合学校民族融乐课程的特色,将上海方言融入语文课堂,让学生们在其中得到上海地域文化的熏陶,强化他们对当地文化的认同,提升他们对上海的归属感,逐步培养学生爱家乡、爱上海、爱国家的家国情怀。

二、目标与思路

我将学习活动的目标设定为:有目的、有计划地引导学生通过各种不同的方式来学习沪语、学唱童谣,让不同民族的学生能更好地融入我们的城市;同时也让这些小小新上海人能将沪语一代代地传承下去,保存上海独特的语言文化。

针对小学生的年龄特征,低中年级的学生正处于学习语言、提高语言表达能力的阶段,富有音乐感、节奏感、生动活泼的童谣语言可以引起他们的美感、愉悦感,激发他们学习沪语的积极性,所以我校尝试将沪语童谣融入学生们的生活。

三、实施过程

Step1 主题研讨,设计《上海话小课堂》等学习材料

在活动准备阶段,教师们先认真研读了有关上海方言的书籍和论文,如钱乃荣的《上海语言发展史》、赵枫《上海郊县方言特征词研究》和顾钦《最新派上海市区方言语音的调查分析》等等。这些成果主要涉及语音和词汇,对我们研究上海方言的教学很有帮助。

在此基础上,我校教师共同设计了名为《上海话小课堂》的学习材料,分时间、天气、交通、衣服、身体、动作、食物和动植物八个主题,介绍了日常生活中最常用的沪语词汇和场景。并据此梳理出学生们在生活中最常用的小对话句型,并融入有趣的旧时弄堂游戏、童谣。促使学生在开口说、动手做中真正感受学习、运用沪语的乐趣。

Step2 结合课堂教学,设计具有学科特色的沪语学习内容

新版《语文课程标准》强调了教师在语文阅读教学时应坚持阅读教学的多元指向,实现阅读课程的多元价值,这是全面提升学生语文素养的应然选择。语文学习不仅是言语实践的过程,也是文化认同、文化传承的过程。上海方言童谣通常带有浓厚的上海地方特色,形式简短、音节和谐、吟唱起来朗朗上口。因此,我们选取了部分上海话儿歌作为语文课堂阅读教学的补充。

如在《数量词》一课,我首先要求学生初步了解数量词的正确搭配,在课文教完后,我便结合这一学段的朗读要求(学生通过朗读去感受儿歌的押韵),给孩子们补充了这样一首沪语儿歌《七字歌》——

> 地上七块冰,
>
> 台上七盏灯,
>
> 墙上七只钉,
>
> 树上七只鹰,
>
> 天上七颗星。

在学生学用上海话读完这首儿歌后,我问他们:请同学们想一想,每句歌词的最后一个字的读音有什么特点?学生们回答:"这几个字用上海话读来都有点像。"我回答:"对了,'冰''灯''钉''鹰''星',用上海话念这些字都很像,而且都很好听,谁能来读好它呢?"我看到一双双小手争先恐后地举起来。挑了几个学生南腔北调地念完之后,我对孩子们说:"同学们,上海话儿歌很讲究歌词的押韵,吟唱起来朗朗上口,深受人们的喜爱,你们想不想再来读一遍? 让我们一起来吧!"

Step3 依托班级文化建设,营造具有班级特色的沪语学生环境

班级是学生在学校一天的学习、生活中待得最久的空间之一,其环境设置是班级建设中不可或缺的内容。我校致力于将沪语学习融入学生一日生活的方方面面,尤其是在班级环境创设方面更是颇具特色。具体而言,在沪语学习中,除了安排学习活动,我们还根据主题的变化,不断调整沪语区角的陈列与布置,使其灵活支持不同的学习内容和形式。比如张贴"普转沪工作站"告示,布置"方言汉语大比拼"赛事标志等,鼓励孩子们用沪语表达他们认识的普通话活汉字,让孩子们在说说、看看、玩玩中充分地感受沪语的魅力。

在布置班级黑板报时,我们也会有意识地选择与沪语学习相关的儿歌与游戏,如《捉蜻蜓》《摇啊摇》《上海小吃》《白庙白猫》等,供孩子们在自主活动中学习与游戏之用。结合《沪语小课堂》这套沪语教材中相关的内容,教师通过墙面布置,张贴儿歌文字、图片、汉字等,帮助幼儿理解儿歌内容。在沪语角,孩子们经常两两结伴,与同伴一起说说沪语。当然,也有个别孩子对儿歌文字认识得较少,这时我就会让识字比较多的、能力较强的学生来带动能力较弱的同伴。当孩子能为同伴用普通话解释沪语,我再让他教同伴学念沪语,让每个孩子都能在沪语角中获得自我表现的机会。

四、活动举隅:游城隍庙

举一个《游城隍庙》的课例,我为其设置了三维目标。知识与技能,会唱经典的沪语童谣,会做沪语游戏;了解上海的本土文化,初步掌握相关沪语用语。过程与方法,通过倾听和模仿等,了解沪语发音。情感态度与价值观,了解上海的海派文化,体验上海的风情地貌及人文景观,增强热爱祖国、热爱上海的情感。

并将活动过程划分为三个阶段。第一阶段:激发兴趣,导入正题。教师展示城隍庙的照片,向学生提问:"你们知道这是哪里吗?"第二阶段:讨论交流。与学生交流参观城隍庙的感受,向学生提问:"同学们去过城隍庙游玩吗?说说城隍庙给你留下印象最深刻的是什么",听他们畅谈所见所感。学习有关城隍庙的上海话词语,如向学生提问:"城隍庙里好多有趣的建筑和美味的小吃,那你知道怎么用上海话来表达它们吗?"学习用上海话来介绍城隍庙。如向学生们发起挑战:"这些沪语词语同学们都记住了吗?现在请你做做上海话小导游,带领大家来参观参观城隍庙吧!"第三阶段:拓展延伸。比如教师发布这样的任务:"除了城隍庙,上海还有许多有趣的景点。课后,选一处你认为最有趣的地方,试着用上海话来给大家介绍一下"。

五、活动评价

在沪语课堂的教学过程中,我校教师十分注重"过程性的评价策略"。对某些类型的学习活动,我们采用分段多次评价的方法,即依照活动实施的顺序,根据学生在活动中完成活动的情况给予评价。评价的主体可以是教师,也可以是学生本人或他们的同学。在评价过程中,充分发挥评价的激励和导向功能,从而达到激发学生学习兴趣的目的。

如在《身体》一课中,我们设计了课后的学习评价表,通过学生自评、互评和师评,监测学生的学习效果,并为更好地开展教学活动提供实时的数据反馈。

评价标准	自己评	同学评	教师评
➤ 尽可能纠正讲沪语时带有的家乡口音.	☆☆☆	☆☆☆	☆☆☆
➤ 初步掌握沪语常用发音.	☆☆☆	☆☆☆	☆☆☆
➤ 初步学会用沪语进行日常对话.	☆☆☆	☆☆☆	☆☆☆
➤ 知道上海的人文景观及文化习俗.	☆☆☆	☆☆☆	☆☆☆

六、成效与展望

通过此次系列活动,回民小学的学生们在各个方面都有了长足的进步——

学生学习语言的积极性提高了。游戏本来就是孩子们最喜欢的活动,再结合有趣的故事、丰富的情境,孩子们不由得被这些丰富多彩的内容所吸引,从而主动参与其中,学习语言的积极性自然而然也就提高了。

学生听、说语言的能力得到了提升。通过不断变换沪语教学内容、调整沪语教学形式、结合沪语游戏实施,并以普通话为学习支架,帮助学生理解、掌握、用好沪语,使得会沪语的学生能够说得更地道、更流畅,不会说沪语的学生能够用沪语做简单交流,听不懂沪语的学生能够听懂沪语,并学会沪语游戏及沪语儿歌。

学生表达语言的自信心变得更强。得益于学校的沪语教学,一些原本不会说沪语的孩子会听、会说沪语了,于是,他们不再害怕和能说沪语的同学交流了,也能大胆地与上海同伴一起参与活动。同时,那些本来会说沪语的孩子,在学会了许多有趣的沪语儿歌后变得更爱表达、表演了。他们的学习成果也得到了家长、老师的肯定,变得更加自信。

就像"海乃百川"是上海的城市品格一样,沪语是承载了文化积淀的上海人的母语,我们希望,它也能成为许许多多在上海学习、生活的"新上海人"的第二"母语"。他们可以通过上海方言更好地融入这个城市,更好地感受这个城市独特的魅力。为此,我们希望通过自己的努力,使沪语在孩子们的心中生根发芽,并与普通话完美结合,在他们未来的人生中助力美好生活。让回小的孩子们由衷地为会说沪语而骄傲,打心眼儿里为这座城市而自豪!

杨莉老师

第三节 "礼乐"学子的持续成长

在我看来,回民小学办学理念的更新、教师专业能力的提升、学校课程意识的增强,其最终,也是唯一的目的,就是培养出契合新时代要求、具有核心素养的新少年。从这个意义上来说,回民小学开展《民族融乐课程开发与实施研究》最大的受益者,就是打上了学校"礼乐学子"文化烙印的新时代少年。

一、宽思路:学生成长的框架

在民族融乐课程的研究与实践中,我从拓展型和探究型课程两条主线,在"融""乐"实践中不断丰富学生学习的经历,并为他们搭建了一座连接学校学习与社会生活的"桥梁"。正是通过这种多元、融合、实践导向的课程,回小学子们学会了带着问题去学习、去探索、去发现。学习对于学生而言,既是一种知识的主体建构过程,也是一种在应用中提升理解深度的过程。

二、宽视野:学生成长的轨迹

正如杜威所言,知识只有扎根于生活,才能产生意义和价值。通过民族融乐课程的学习,学生们得以从课内走向课外,从校内模拟场景走到校外真实事件发生的场地,从书本练习走向实践锻炼;学习方式也从个体学习转变为学生团队协作,学习的指导者从单一的教师走向多元主体参与的协同教学。这一系列的转变,拓展了学生的接触面,也拓展了学生的视野,从而丰富、延展了他们的成长轨迹。

三、宽胸怀:学生学习经历的丰富

现实生活中,要处理好一件事,需要人与人之间的相互协作,也需要发挥团队作用。正是基于这样的理解,在"民族融乐"课程的研究和实践中,我也指导教师们在课程设计环节,精心创设贴近真实生活情境的学习活动,并倡导合作学习、小组分享、全班汇报,促使学生体验到团队合作的快乐与成就感,并让合作探究能力成为学生学习过程中的必备能力。三年的项目推进过程中,不知不觉,回小的学生们就在一门门民族融乐课程的浸润下,磨炼了意志,锻炼了品质,也丰富了经历。

开展民族融乐课程的研究与实践以来,回小学子参加了多项各种类型、各种级别的课程展示交流活动,其中"茶韵飘香"为市课程领导力项目展示,获得了领导、专家和同行的交口赞誉。"民族融乐印童年,两岸少年心相印"为海峡两岸少年课程体验活动,该活动受到了中国台湾小伙伴们的热烈欢迎,他们对此印象深刻,不久后即发出邀请函,邀请学校参加回访活动。"茶韵墨客印童年"为区内教育协作块课程体验活动,其中的"舞墨意趣"之"墨绘手包"、"茶韵怡乐"之"鱼戏莲叶间"(自制调饮茶)均获得了区域内协作块师生们的交口称赞和倾情参与,一句句发自内心的感言就是最好的说明。另外,学校"民族融乐"课程雅乐集系列活动也获得了各方好评,并得到了家长们的高度肯定。

第四节 反思与展望

三年的项目结束了,回顾一次次艰难险阻,一个个高潮时刻,不由得思绪万千。在我看来,不管是德育课程,还是民族融乐课程,所有的课程都必须回归教育初心。那么课程的初心究竟是什么? 初心就是对学校育人目标的回答。育人目标的定位必须回归教育原点,教育原点就是从学校课程建设的实际出发,来回答"培养什么人"的问题。

基于此,我在回民小学推进"民族融乐"课程的研究和实践中,始终致力于在适切的育人目标指引下进行精准的课程设计,开发富有文化性、跨学科性、实践导向的多元融合课程,并同时提升学校课程的可操作性,力图使课程能够满足学生多样化的需求,从而使得他们的个体差异得到全面充分的照顾。

正如当初预设的,在"民族融乐"课程中,每位回民小学的学子都获得了不一样的体验、经历和成长,养成了一个个性鲜明、但同样温文尔雅的"礼乐学子",初步实现了"成就不一样的学生"的育人目标,这是值得欣喜的。然而,在课题的推进与实践中,我们也发现,之前设计的课程"五爱五会民族娃"评价体系尚需进一步完善,另外,学校课程目标定位还需进一步明晰。

但我相信,随着民族融乐课程不断地深入推进,以及实施路径与发展策略的持续优化,回民小学一定会在"成就不一样的学生""成就不一样的教师""成就不一样的学校"这个宏大目标上走得越来越远、越来越稳健,最终成就不一样的文化特色和学校品质。

　　这个过程对于每一位回小人而言,都是一段美好的成长经历。站在一个新的历史起点上重新审视、反思、梳理学校民族融乐课程开发、实施的过程及结果,也是在鞭策学校"风物长宜放眼量",课程育人,涵养品格,我们一直在路上! 今后,在一如既往秉承崇本教育理念的基础上,希望学校能及时将有效、先进的办学理念转化为有效的办学实践,将有效的办学实践转化为切实可行的课程目标,助推学生的个性和全面兼顾的自主发展。

　　不管在哪所学校,课程育人的智慧始终在涓涓流淌,也在日新月异的科技发展和教育改革潮流中不断与其他前沿理念合流,形塑新的模式,积蓄新的能量。作为掌舵学校的教育领导者,我矢志不渝,仍将孜孜不倦追求以最美好的课程孕育最美好的心灵,涵养学子的完美品格和核心素养!

图书在版编目(CIP)数据

探索德育智育双驱动的小学教育新模式 ：崇本教育涵养"礼乐学子" / 吴玮著. -- 上海 ：上海三联书店，2024. 6. -- ISBN 978-7-5426-8567-4

Ⅰ. G621

中国国家版本馆 CIP 数据核字第 20246WH489 号

探索德育智育双驱动的小学教育新模式
——崇本教育涵养"礼乐学子"

著　　者 / 吴　玮

责任编辑 / 方　舟
装帧设计 / 一本好书
监　制 / 姚　军
责任校对 / 王凌霄
校　对 / 莲　子

出版发行 / 上海三联书店
　　　　　(200041)中国上海市静安区威海路 755 号 30 楼
邮　　箱 / sdxsanlian@sina.com
联系电话 / 编辑部：021－22895517
　　　　　发行部：021－22895559
印　　刷 / 上海惠敦印务科技有限公司

版　　次 / 2024 年 6 月第 1 版
印　　次 / 2024 年 6 月第 1 次印刷
开　　本 / 890 mm×1240 mm　1/32
字　　数 / 140 千字
印　　张 / 6.375
书　　号 / ISBN 978－7－5426－8567－4/G・1723
定　　价 / 58.00 元

敬启读者,如发现本书有印装质量问题,请与印刷厂联系 021－63779028